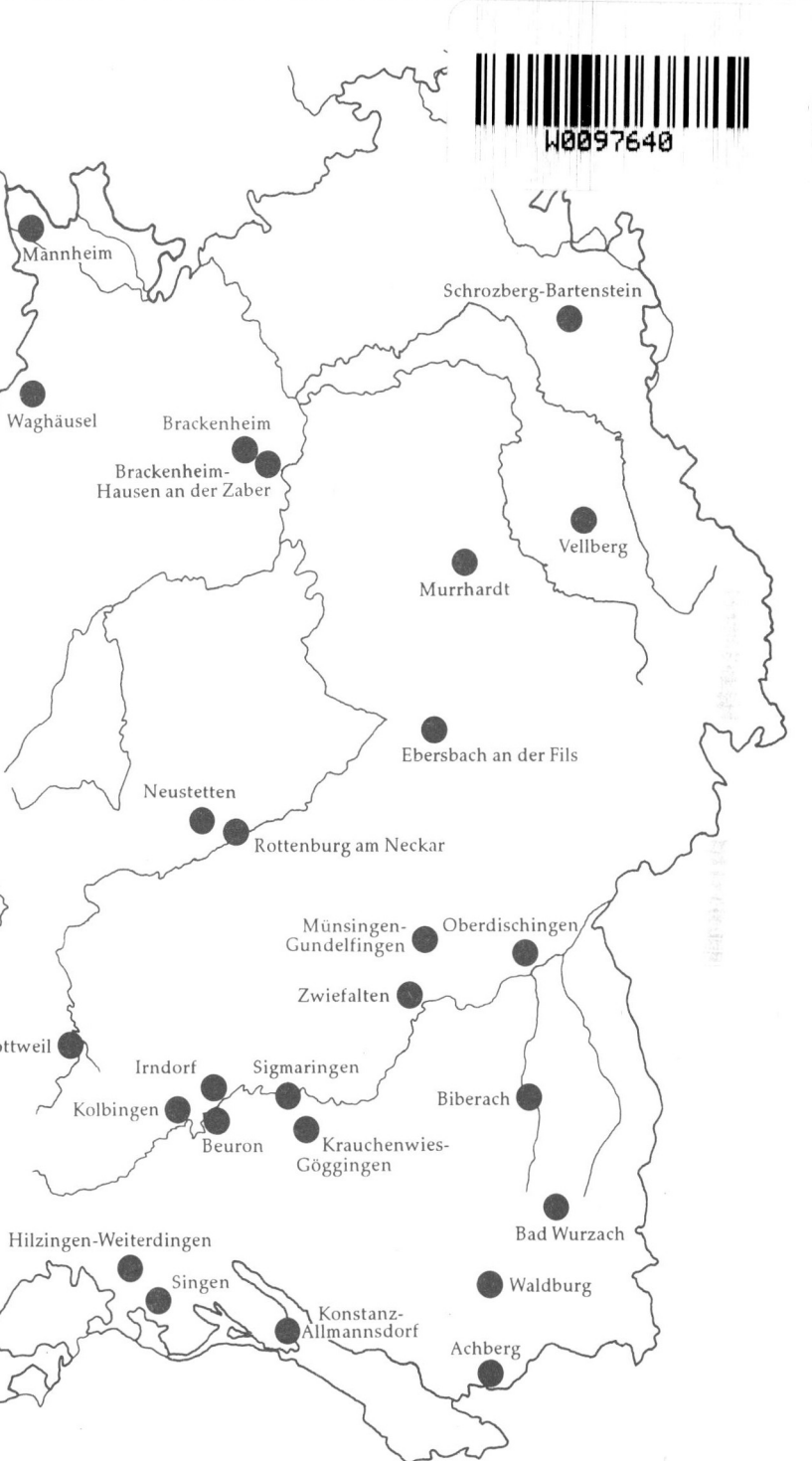

W0097640

Mannheim

Schrozberg-Bartenstein

Waghäusel

Brackenheim

Brackenheim-
Hausen an der Zaber

Vellberg

Murrhardt

Ebersbach an der Fils

Neustetten

Rottenburg am Neckar

Münsingen-
Gundelfingen

Oberdischingen

Zwiefalten

ottweil

Irndorf

Sigmaringen

Biberach

Kolbingen

Beuron

Krauchenwies-
Göggingen

Hilzingen-Weiterdingen

Bad Wurzach

Singen

Waldburg

Konstanz-
Allmannsdorf

Achberg

Gunter Haug
Landesgeschichten

Gunter Haug

Landesgeschichten

Denkwürdiges aus Baden, Württemberg
und Hohenzollern

Mit Zeichnungen von Margit Vischer-King

Silberburg·Verlag

1. Auflage Oktober 1990.
© Copyright 1990 by Silberburg-Verlag
Titus Häussermann GmbH, Stuttgart.
Alle Rechte vorbehalten.
Satz: Buchherstellung Horst Schöck, Stuttgart.
Reproduktionen: Schwabenrepro Martin Frischauf, Stuttgart;
Repro Schmid, Stuttgart.
Druck und Bindearbeiten: Hieronymus Mühlberger,
Gersthofen.
Printed in Germany.

ISBN 3-925344-69-1

Für Karin, Annika, Kristina, Max

Inhalt

Vom Umgang mit Geschichte

Auch in Baden-Württemberg ist heutzutage viel die Rede von »historischen Momenten«, von »geschichtsträchtigen Augenblicken«. Zehn, zwanzig Jahre später erinnert sich kein Mensch mehr an das Ereignis, das der »Hauch der Geschichte« angeblich umweht hat. Ein laues Lüftchen, mehr war's in Wirklichkeit selten, nicht mal ein Wimpernschlag der Geschichte. Die Zielsetzung »citius, altius, fortius« (»schneller, höher, stärker«) würden manche Sonntagsredner und Werbetexter gern durch »historicius«, die Steigerungsform von »geschichtlich«, ergänzen. Ohnehin dient das ursprünglich olympische Motto heute allzu häufig als Rechtfertigung für den High-Tech-Wahn, der Menschen und Dinge, die sich nicht schnell genug anpassen wollen oder können, ausgrenzt, beiseite schiebt, an die Wand drückt.

Nicht nur, wer auf diese Weise unter die Räder kommt, wendet seinen Blick gern zurück auf eine nostalgisch verklärte Vergangenheit.

Die Kälte der Moderne und die Seelenlosigkeit der Maschinen, die bedrückende Vergeßlichkeit unserer hastigen Epoche (kennen Sie noch die Namen Ihrer Urgroßeltern?), Zukunftsangst und Unsicherheit aufgrund des allzu schnellen Wandels – das mögen einige Gründe dafür sein, daß Lokalgeschichte Konjunktur hat. Jeder Betonklotz bekommt sein Schindel-Vordächle, jedes Dorf entdeckt seine eigene Tracht (wenn's keine historisch verbürgte gibt, wird phantasievoll eine neue entworfen); selbst die sonst so nüchtern-sachlichen Geldinstitute vergeben Heimatpreise, sponsern Heimatbücher, veranstalten Mundartwochen.

Doch was ist Rückbesinnung auf unsere (oft leidvolle) Vergangenheit, was pure Heimattümelei? Wir müssen wachsam sein, daß Geschichte heute nicht so gesehen wird, wie man sie gerne sehen will, aufpassen, daß nicht historische Fakten verbogen werden, so lange, bis sie herrlich in die bunten Fremdenverkehrsprospekte passen.

Ist dies überformuliert, schwingt bei dieser Warnung zuviel Pessimismus mit? Ich fürchte, nein. Da ist beispielsweise die Geschichte vom Pfarrhausgarten in Hopfau bei Sulz am Neckar mit seinen wunderschönen Bäumen, die laut Fremdenverkehrswerbung schon der berühmte Hermann Hesse besungen hat, wenn er sich in das geliebte Idyll zurückzog, wo seine Schwester Pfarrfrau war. Eine Geschichte, die sich für dieses Buch förmlich anbot. Doch die Recherchen endeten mit einer Überraschung: Hesse hat hier mit Sicherheit kein Gedicht geschrieben, und seine Schwester hat sich in Hopfau alles andere als wohlgefühlt. Eine Idylle also, die nie existiert hat: Mit Rücksicht auf die Nachfahren der Familie Hesse wurde auf dieses Kapitel verzichtet. Die Geschichtsklitterung freilich, so ist zu hoffen, wird in Hopfau nicht länger fortgesetzt.

Standortwechsel – die Gemeinde Kirchardt im Landkreis Heilbronn: Ein schönes Dorf muß es einst gewesen sein, vor dem Straßenausbau, vor der Betonsanierung, vor der Ausweisung der üblichen Neubaugebiete. Auch hier restauriert man mittlerweile die alten Häuser, anstatt sie abzureißen, holt das Fachwerk wieder unter dem Putz hervor – und vergißt bei aller Geschäftstüchtigkeit und allem Stolz auf die 1200jährige Geschichte (die ja, wie überall, in Wirklichkeit viel, viel älter ist) die Sagen und Erzählungen von einst. Die Geschichte von der Filskätheri, vom Kräuterweiblein Katharina Fils, die so arm war, daß es nach ihrem Tod kein Geld für die Beerdigung gab, weshalb man sie im Wald verscharrt hat, auch sie sollte in dieses Buch aufgenommen werden. Doch die Sage von der

Filskätheri, wie sie rücklings auf ihrem kopflosen Pferd nachts durch den Haftenwald reitet und sich mit ihrer gruseligen Erscheinung an den Menschen rächt, die sie einst so schnöde behandelt haben, kennen in Kirchardt mittlerweile nicht einmal mehr die Alten. Sie ist in Vergessenheit geraten wie Katharinas Grab im Wald, das vor einiger Zeit zuplaniert worden ist: Keiner hat's bemerkt, keinem hätte es wohl auch etwas ausgemacht.

Bei aller High-Tech-Zukunft und schönfärberischer Vergangenheitsbeschäftigung: Dieses Buch will erzählen, was für interessante Menschen und Ereignisse es in Baden, Württemberg und Hohenzollern gegeben hat, an fast Vergessenem, an Bemerkenswertem, oft auch Beispielhaftem oder gar Alltäglichem. Natürlich können dreißig Kapitel nur eine Auswahl, einen Querschnitt durch die Zeiten und Regionen bieten, natürlich gibt es sehr viel mehr zu entdecken, zu erzählen, zu erleben. Wenn dieses Buch dem Leser (neben dem hoffentlich vorhandenen Vergnügen bei der Lektüre) als Starthilfe dafür dient, dann ist sein Zweck erreicht.

Rottenburg, im August 1990   *Gunter Haug*

Ein preußisches Schloß
fast am Bodensee

Wenn es damals schon den Offenbarungseid gegeben hätte, er hätte ihn leisten müssen: Johann Franz Ferdinand von Syrgenstein, der letzte Besitzer von Schloß Achberg aus der Familie derer von Syrgenstein. Im Jahr 1693 hat er das ziemlich heruntergekommene Schloß in landschaftlich wunderschöner Umgebung an der Argen verkaufen müssen. Immerhin konnte er die damals ungeheure Summe von 65 000 Gulden erlösen. Bezahlt hat diesen Preis der zu Altshausen residierende Landkomtur des Deutschordens, Franz Benedikt von Baden.

Doch wer nun glaubt, der Verkäufer des einst stolzen Schlosses sei auf Lebenszeit saniert gewesen, der irrt: Ganze 34 Gulden und 17 Kreuzer sind ihm übriggeblieben, die gesamte Restsumme mußte zur Begleichung der immensen Schulden des adeligen Herrn aufgewandt werden. Kleine Besonderheit am Rande: 1000 Gulden aus dem Kaufpreis wurden, so stand's auch im Vertrag mit dem Erwerber, »zweckgebunden« umgeleitet, und zwar direkt in die Schatztruhe der Gemahlin des Herrn von Syrgenstein, zur »Verehrung« der gnädigen Frau, die vermutlich auf dieses Geld dann auch den Daumen drauf- und ihre fast bankrotte schlechtere Hälfte davon ferngehalten hat.

Wie dem auch sei – von nun an gehörte Schloß Achberg, das verfallende Juwel an der Argen, dem Deutschorden, und sein stolzer Neubesitzer, der Landkomtur (ein Ordensritter mit Verwaltungsaufgaben), investierte kräftig in die Renovierung

14

des Gemäuers, bis ein regelrechtes Glanzstück aus ihm geworden war. Damit auch ja für alle Zeiten klar sei, wer für den prachtvollen Umbau des Schlosses im Oberland verantwortlich zeichnete, ließ der stolze Deutschordenskomtur über der Tür zum Rittersaal in lateinischer Sprache eine Inschrift anbringen, die in deutscher Übersetzung in etwa sagt: »Durch glückliche Arbeit erstehe ich endlich wieder unter der Leitung des Franz Benedikt, die berühmte Burg, vorher unter häßlichem Staub unbeachtet daliegend. Er, ein edler Ritter aus dem berühmten badischen Geschlecht, ewigen Lobes und ewiger Ehre würdig, aus edlem Blut geboren, der furchtlose Held des Deutschen Ordens ...« – ersparen wir uns den Rest und nehmen zur Kenntnis, daß es dem Renovierer an Selbstbewußtsein nicht gemangelt zu haben scheint.

Sieben Jahre dauerte der Umbau, dessen Abschluß gekrönt wurde durch den Kauf der hohen Gerichtsbarkeit vom Grafen Anton von Montfort, der gleichzeitig auch das Recht der hohen Jagd nach Achberg abgab. Dies war sozusagen das Tüpfelchen auf dem i für Franz Benedikt von Baden, der von da ab unzählige prunkvolle Jagdgesellschaften auf sein Schloß lud, bis er hier im November 1707 das Zeitliche segnete. Wie stark seine Beziehung zu der wunderschönen Landschaft um Achberg und zum Schloß war, das beweist die Tatsache, daß er sich in der Kirche des benachbarten Siberatsweiler zur letzten Ruhe betten ließ. Lediglich sein Herz wurde in einem silbernen Behältnis in die Gruft der Landkomture nach Altshausen gebracht.

Die große Zeit von Schloß Achberg war damit schon wieder vorbei. Nicht einmal zwei Jahrzehnte hatte sie gedauert. Ab und an wurde der Palast noch als Jagdschloß genutzt; in der Geschichte der Landschaft aber spielte Achberg keine bedeutende Rolle mehr – bis zu jenem Zeitpunkt, als der Macht seiner Besitzer, der Deutschordensritter, ein Ende bereitet wurde. Napoleon Bonaparte bestimmte 1801 im Frieden von Lunéville die Säkularisierung, also die Verweltlichung, des

Ordens. An Weihnachten 1805 wurde schließlich im Preßburger Frieden festgeschrieben, daß dem Orden, der gewaltige Landverluste hatte hinnehmen müssen, nur der Besitz verbleiben solle, den er am 1. Januar 1806 noch innehabe. Dies aber war das Signal für den bayrischen Landesherren, Kurfürst Maximilian Joseph (der spätere bayrische König von Napoleons Gnaden), die Ländereien des Deutschordens in seiner Nachbarschaft zu besetzen, rechtzeitig noch, vor dem Stichtag 1. 1. 1806.

So kam es, daß auch Achberg gerade noch rechtzeitig vor »Toresschluß« von einem bayrischen Leutnant samt seiner Truppe besetzt wurde. Allerdings war diese Besetzung ein eher kläglicher Vorgang, denn der Leutnant kam zu Fuß, und seine »Truppe« bestand aus ganzen drei Mann – ebenfalls zu Fuß. Nachdem der Obervogt Schäffer gegen den »Einmarsch« lautstark protestiert hatte, wurde ihm bedeutet, es handele sich lediglich um eine Vorsichtsmaßnahme, die öffentliche Sicherheit betreffend. Doch zweieinhalb Wochen später, am 17. Januar 1806, bestätigten sich die Befürchtungen des Obervogtes: Ein bayrischer Landeskommissär erschien und nahm als Beauftragter Schloß und Herrschaft Achberg offiziell für Bayern in Besitz, verbunden mit der Anbringung des bayrischen Wappens. Der Landkomtur des Deutschordens konnte nur zähneknirschend zusehen, doch der Obervogt blieb immerhin derselbe, jetzt halt als ein »provisorisch-königlich-bayrischer Obervogt«.

Doch die schnellen Bayern hatten die Rechnung ohne eine Dame gemacht, die in diesen Jahren Kontakte knüpfte, die sie in die hohenzollerische Geschichte eingehen ließen: Fürstin Amalie Zephyrine von Hohenzollern-Sigmaringen, geborene von Salm-Kyrburg. Sie schaffte es, in Artikel 23 der Rheinbundakte die Bestimmung zu verankern, daß die »Herrschaft Achberg ... mit allen Souveränitäts- und Eigentumsrechten« in den Besitz des Fürstentums Hohenzollern-Sigmaringen überging.

Wie sie das bewerkstelligt hat? Die Fürstin hatte in früheren Jahren, damals noch nicht Gemahlin des Fürsten von Sigmaringen, einige Zeit in Paris verbracht und war – um es stilgemäß auszudrücken – dem dort lebenden Vicomte Alexandre de Beauharnais herzlich zugetan. Eben jener Vicomte aber lebte getrennt von seiner Gemahlin Josephine, der späteren Frau Napoleon Bonapartes. Während der schrecklichen Schlächterei in den Wirren der Französischen Revolution mußte auch der Vicomte sein Leben unter der Guillotine lassen, selbst seine Kinder aus der Verbindung mit Josephine waren gefährdet. Amalie Zephyrine nahm auf Bitten Josephines die Kleinen zu sich und brachte sie nach England in Sicherheit. Diese Rettung ihrer Kinder hat Josephine, die an der Seite Napoleons zur mächtigsten Frau in Frankreich aufstieg, der Fürstin nie vergessen. Als es dann um den Erhalt der hohenzollerischen Fürstentümer ging, machte sie bei Napoleon ihren ganzen Einfluß geltend, was schließlich zum Erhalt der Fürstentümer Hohenzollern-Hechingen und Hohenzollern-Sigmaringen führte (sehr zum Ärger der badischen und württembergischen Nachbarn im übrigen, die sich die Ministaaten bei der Bereinigung der deutschen Landkarte durch Napoleon nur allzugern einverleibt hätten).

So also hat es Fürstin Amalie Zephyrine von Hohenzollern-Sigmaringen geschafft, dank der Protektion Josephines auch Schloß Achberg unter ihren Einflußbereich zu bringen: Am 4. September 1806 mußten die Bayern zähneknirschend unter der Aufsicht eines französischen Kommissärs Schloß Achberg an das Fürstentum Hohenzollern-Sigmaringen übergeben. Wer sich dabei vielleicht am meisten freute, war unser ursprünglich vom Deutschorden bestellter Obervogt Schäffer, der zwischenzeitlich zum königlich-bayrischen Obervogt ernannt worden war: Er durfte auch beim neuerlichen Machtwechsel Amt und Stellung behalten, nun als hohenzollerisch-sigmaringischer Obervogt.

Als dann in den Jahren 1849/50 die beiden hohenzollerischen Fürstentümer in den Besitz des Vetters aus Preußen übergingen, hatte Preußen also tatsächlich Besitz wenige Kilometer vom Bodensee und von der bayrischen Grenze entfernt. Den Bayern paßte dies, einmal mehr, überhaupt nicht in den Kram. Als der preußische König Friedrich Wilhelm IV. im Jahr 1856 den südlichsten Zipfel seines Herrschaftsbereichs besuchte, gefiel es ihm dort so gut, daß er in Achberg einen neuen Landsitz errichten wollte, sozusagen als Jagd- und Lustschloß vor der Nase Bayerns.

Zehn Jahre später, 1866, kam's zum Krieg: nicht nur zum Deutschen Krieg, in dem Preußen auch den Bayern den Krieg erklärte, sondern zum bewaffneten Einmarsch der Bayern in Achberg. Allerdings handelt es sich bei diesem Einmarsch um einen überaus sonderbaren: Beim Singabend im Lindauer Liederkranz schwappten nämlich eines Abends die patriotischen Wogen über, und man beschloß, den preußischen Stachel im bayrischen Fleisch für Bayern zu erobern.

Gesagt – getan: Am 20. Juni marschierte ein Dutzend jüngere Lindauer unter der Führung des Advokaten Beckh los in Richtung Achberg, bekleidet mit schwarz-rot-goldenen Schärpen, der Rechtsgelehrte bewaffnet mit einem Gewehr und einem Jagdhorn, ein anderer mit einer Spielzeugpistole samt zweier Flaggen – einer blau-weißen bayrischen und einer schwarz-rot-goldenen. Im nahe Achberg gelegenen Esseratsweiler rückte man zuerst ein, eine Proklamation wurde verlesen, daß Achberg von Stund an zu Bayern gehöre, ein Bild Bismarcks an das Ortsschild geheftet und verbrannt, die Gemeindeböller wurden beschlagnahmt und dann ... wurde erst mal in der Brauerei ausgiebig der mittlerweile entstandene Durst gelöscht. Das Bier – wie sich's für richtige Eroberer gehört, war es beschlagnahmt worden – durften sich auch die »befreiten« Bürger aus Esseratsweiler schmecken lassen.

Alles wäre ganz harmonisch verlaufen, wenn sich nicht doch noch in Gestalt des achtzigjährigen fürstlich-hohenzollerischen Revierförsters todesmutiger Widerstand geregt hätte. Mit geladenem Gewehr signalisierte der Wildschütz Widerstand. Doch als sich die versammelte Übermacht der ordentlich angetrunkenen und wild gestikulierenden Lindauer vor ihm aufbaute und ihm Entwaffnung und Gefangennahme androhte, gab der Verteidiger des Schlosses Fersengeld.

Die wackeren Eroberer plagte wenig später der vom reichlich genossenen Bier hervorgerufene Katzenjammer; ernüchtert im wahrsten Sinne des Wortes machte man kehrt, riß zwar noch an der Grenze das preußische Hoheitszeichen um, verkrümelte sich dann aber nach Lindau in die gute Stube.

Die Sache hatte freilich ein gerichtliches Nachspiel, und so wurden fünf Teilnehmer der »Eroberung« zu Gefängnisstrafen verurteilt, die sie auch bald hätten antreten müssen, wenn nicht der oberste Gerichtshof in München das Urteil aufgehoben und auf Freispruch erkannt hätte. Die Richter beriefen sich auf den Friedensvertrag mit Preußen, der bestimmte, »daß kein Untertan der Könige von Preußen und Bayern wegen seines Verhaltens während des Krieges verfolgt, beunruhigt oder in seiner Person oder seinem Eigentum beanstandet werden solle«.

So endete die Affäre sang- und klanglos und ohne größeren Schaden: Die Missetäter blieben straffrei und Achberg hohenzollerisch – bis 1969 sogar als Exklave des Landkreises Sigmaringen. Erst da trauten sich die Gebietsreformer wieder an die Bereinigung der Landkarte und schlugen Achberg – unblutig, wie man hört – dem damaligen Landkreis Wangen zu. Heute ist Achberg die südlichste Gemeinde im Kreis Ravensburg – und die einzige in Baden-Württemberg, die eine »bayrische« Postleitzahl trägt: 8991.

Totenmesse für Lebende

Die Legende berichtet von einem Grafen von Waldburg, der sich im Mittelalter während einer Jagd im ausgedehnten, unwegsamen Wurzacher Ried verirrt hatte und schließlich während der Nacht immer tiefer in den Sumpf geraten war. Nur noch eine Frage der Zeit sei es gewesen, bis der Graf darin umgekommen wäre, doch der Hund des verirrten Jägers habe sich aufgemacht, um Hilfe zu holen. Die Aussätzigen im Leprahaus zu Bad Wurzach habe er alarmiert, und die seien dann auch gekommen, um den Grafen in letzter Minute aus dem Sumpf zu ziehen. Zum Dank für seine Rettung ließ der Graf den Leprakranken eine Kapelle ans Leprosorium (das Leprahaus) bauen, in der auf einer Votivtafel die Geschichte von der Rettung aus höchster Not abgebildet ist.

Das Leprosenhaus von Bad Wurzach: Es ist eines der ältesten erhaltenen – und mit Sicherheit eines der am besten renovierten – in Süddeutschland; es steht, wie nicht anders zu erwarten, auf einer Anhöhe auch heute noch ganz am Rand der Stadt, mit geziemendem Abstand zum Ort in seiner mittelalterlichen Ausdehnung. Um die Mitte des 13. Jahrhunderts dürfte es gegründet worden sein. 20 Pfarreien aus der Umgebung hatten sich zur »Siechenpflege« zusammengeschlossen. Finanziert wurde das Leprosenhaus durch Abgaben von Zünften, durch die Herrschaft und durch den sogenannten Siechen- oder Hochzeitsgulden: Jedes Hochzeitspaar hatte bei der Trauung einen Gulden für diese Krankenpflege zu stiften. Darüber hinaus durften die Aussätzigen zu bestimmten

Zeiten im Jahr in Wurzach um Spenden betteln, mit dem Spruch: »Gibsch, gebsch, solang du lebsch, wenn du nimme lebsch, kannsch nimme geba, gibsch, gebsch!«

Nach der Pest war Lepra oder Aussatz im Spätmittelalter und in der früheren Neuzeit die zweite Geißel der mitteleuropäischen Menschheit. Kreuzfahrer hatten die Infektionskrankheit eingeschleppt. Ein gespenstischer Anblick muß das seinerzeit gewesen sein, wenn die Leprakranken betteln gingen. Die von Geschwüren und Verstümmelungen entstellten Menschen verfaulten wirklich oft bei lebendigem Leib. Sie mußten einen speziellen Siechenmantel überziehen und Klappern aus Holz schütteln, sobald sie in die Nähe eines gesunden Menschen kamen. In keine Wohnung durften sie eintreten, aus keinem Brunnen trinken, auch nicht das Seil vom Brunnen berühren, sich nicht am fließenden Wasser waschen und auf dem Markt keine Waren berühren. Wenn sie etwas kaufen wollten, mußten sie mit einem langen Stab darauf hindeuten. Die Aussätzigen waren tatsächlich »ausgesetzt«, ausgeschlossen aus der menschlichen Gemeinschaft. Die Kirche bemühte sich, ihnen ihr Leben am Rande als heilsame Buße zu vermitteln, die am Tag des jüngsten Gerichts belohnt werde.

Doch wie kamen die Leprosen ins Siechenhaus? Mehrere Ärzte und Bader besahen sich den Patienten und versuchten festzustellen, ob am Körper Anzeichen der schrecklichen Krankheit zu erkennen waren. Wenn dies der Fall war, wurde der Patient, entsprechend der Siechenordnung von 1528, als Aussätziger erkannt, und die »Siechenmagd« hatte ihm einen Platz im Siechenhaus anzuweisen. Das Bett mußte der Kranke, sofern er genug Vermögen besaß, selbst stellen.

»Es wird geboten, daß jeder, der das Almosen erhält« – Pflege und Essen waren kostenlos und wurden aus dem Vermögen der Leprosenstiftung bezahlt – »aus Dank gegenüber Gott und der Obrigkeit täglich den Rosenkranz mit ganzer Andacht zu beten hat. Sie mögen Gott um lange Regierungszeit und Gesundheit für die Obrigkeit und die Almosengeber bit-

ten und nach diesem um das ewige Leben. Die Siechen sollen als von der Welt abgesonderte Menschen friedlich miteinander auskommen und keiner den anderen weder mit Worten noch Werken bekümmern«, heißt es in der Siechenordnung. Die Kranken lebten hier also in einer Art Bruderschaft, in der jeder das, was an Kleidung und Nahrung vorhanden war, mit den anderen teilte. Auch die Kapelle und der Friedhof waren ausschließlich für die Leprakranken bestimmt. Die gesellschaftliche Absonderung war damit perfekt.

Seine Verlegung ins Siechenhaus wurde dem Kranken durch einen Priester angekündigt, der ihn dann am vorher festgelegten Tag abzuholen und noch wie einen Gesunden zu behandeln hatte. Andere Gesunde wagten sich allerdings schon gar nicht mehr in die Nähe des Aussätzigen. Manchmal wurde sogar noch eine Totenmesse über den Leprakranken gelesen, wobei dieser wie ein Toter auf der Bahre zu liegen hatte. Sinnbildlicher konnte man den Ausschluß aus der Gemeinschaft der Gesunden, der Lebenden, wahrlich nicht vollziehen. Darauf empfing der Kranke die Kommunion, und der Pfarrer segnete die zu seinem künftigen Gebrauch bestimmten Geräte: den Siechenmantel, die Handschuhe, die Eßschüssel und den Brotsack.

Im Leprosenhaus angekommen, sprach der Priester den Satz: »Hier ist meine Ruhe für immer« und warf Erde vom Friedhof oder Rosen von dort auf das Dach der Krankenanstalt, verbunden mit den Worten: »Sei abgestorben der Welt und leb' aufs neue Gott!« Zurückgekehrt in die Kirche, verrichtete der Pfarrer mit der versammelten Gemeinde noch ein Gebet für den Kranken, der fortan seinem traurigen Schicksal überlassen blieb, in einem von fast 20 000 Leprosenhäuser, die es im Europa des Mittelalters gab, dem sicheren Tod entgegenvegetierend.

Ob kochendheiße Dampfbäder zur Therapie oder zur Vorbeugung – nichts nützte gegen die ansteckende Krankheit wirklich, erst recht nicht die geheimnisumwitterte Arznei, die manche Quacksalber verschrieben, die aus dem Blut eines jungfräulichen Mädchens stammen sollte, das den Opfertod gestorben sei. Da verwundert es schon, wenn man in den Akten des Wurzacher Leprosenhauses von einer Fehldiagnose liest, die glimpflich ausgegangen ist: Anna Laminetin von Humberg wird in einem Gutachten bescheinigt, daß sie gesund und frei von Aussatz sei, so daß sie aus dem Leprosenhaus entlassen werden könne, in das sie siebeneinhalb Jahre zuvor aufgrund einer offenkundigen Fehldiagnose eingewiesen worden war. Was muß diese Frau für seelische Qualen erduldet haben, bis sie nach 2700 Tagen wieder zurück in die Welt der Gesunden, in die Gesellschaft durfte!

Die rätselhafte, todbringende Krankheit (die Ansteckungsgefahr war vor allem für Kinder groß; für Erwachsene war sie relativ gering) verschwand im Lauf des 18. und vollends im 19. Jahrhundert mit zunehmender Verbesserung der Hygiene, so daß auch das Wurzacher Leprosenhaus bald aufgehoben werden konnte. Kurze Zeit diente es noch als Lazarett für österreichische Soldaten, die in den Befreiungskriegen gegen Napoleon verwundet worden waren. Der letzte Leprakranke von Bad Wurzach, der ledige Schneider Joseph Gropper, starb im Alter von 65 Jahren im Siechenhaus, das über 700 Jahre lang letzter Aufenthaltsort für Hunderte von Aussätzigen gewesen war.

Forschung hinter Klostermauern

Die Absicht ist schnell in Worte gefaßt, und dennoch verbirgt sich hinter der präzise formulierten Aussage eine theologische Zeitbombe: »Wir prüfen und vergleichen, um immer sicherer zu werden, daß all das, was Christen in der Bibel lesen, was im Alten und im Neuen Testament geschrieben steht, auch tatsächlich wort- und sinngemäß die Jahrtausende überdauert hat und richtig zu uns gekommen ist.« So hat es einer der Beuroner Äbte ausgedrückt, als er gefragt wurde, was denn er und seine Mönche in den alten Pergamenten aus dem Vorderen Orient und in den ältesten erhaltenen Bruchstücken lateinischer Bibeln zu erforschen gedächten. Pergamente aus dem 6. Jahrhundert nach Christus beispielsweise, deren Text plötzlich siebenhundert Jahre später ausradiert, überschrieben, verwischt wurde.

Eine neue Bibelübersetzung beziehungsweise eine vergleichende Interpretation von alten Fundstücken und heutiger Lesart, das ist es, woran die Beuroner Mönche arbeiten – und dies schon seit Beginn des 20. Jahrhunderts. Ein eigenes Fluoreszenzverfahren haben sie um 1912 herum entwickelt, um die jahrhundertelang ausradierten Texte doch noch einmal lesbar zu machen. Bis weit ins nächste Jahrtausend hinein werden die Forscher in Beuron noch zu analysieren, zu übersetzen und vergleichen haben, bis sie endlich – vielleicht – den ungefähren Urtext der Bibel wiedergefunden haben. Und wird dann nach Fertigstellung irgendwo in Vorderasien wieder ein Pergament, vielleicht auch ein noch älterer, brüchiger Papyrus gefunden, dann geht die Arbeit von vorne los.

Die Bibelforschung: Sie ist einer der Gründe für das Ansehen der Benediktiner-Erzabtei Beuron in der heutigen Zeit. Doch schon in früheren Jahrhunderten stand das Kloster unter wechselnden Orden im Mittelpunkt des geistlichen Lebens der umgebenden Landschaft, in der – in unmittelbarer Klosternähe – die Territorien der drei ehemaligen Länder Hohenzollern, Baden und Württemberg zusammenstoßen.

Natürlich gibt es – wie sich's für eine so bedeutende Abtei gehört – eine Sage von der Klostergründung, die schon im Jahr 777 durch den Grafen Gerold von Bussen, einen Schwager Karls des Großen, erfolgt sein soll. Schon damals hätten sich Benediktiner in der durch die steil aufragenden Kalkfelsen klimatisch begünstigten Ecke des Donautals niedergelassen, doch recht bald nach seiner Gründung sei das Kloster durch ungarische Horden zerstört, seien die Mönche vertrieben worden. Weil die Sage gar so schön, ein Dokument für diese Gründung durch einen bedeutenden Adligen aber absolut nicht aufzufinden war, wagten im 18. Jahrhundert die Beuroner Mönche eine Fälschung der Gründungsurkunde, die freilich so plump ausfiel, daß Kenner der Geschichte nicht allzu lange brauchten, um die braven Patres der Geschichtsklitterung zu überführen.

Wie dem auch sei, verbürgt ist auf jeden Fall eine im Jahr 1097 von Papst Urban II. gesiegelte Urkunde, aus der sich die Gründung des Klosters durch einen Edelfreien mit Namen Peregrin im Jahr 1075 ableiten läßt. Diesem Peregrin, so die zweite Gründungslegende, sei einstmals während der Jagd ein Hirsch mit leuchtendem Geweih erschienen; durch diesen Hirsch habe sich ihm die Muttergottes gezeigt und ihn angewiesen, an der Stelle jener Begegnung ein Kloster zu gründen, was der edle Peregrin dann auch tat. Augustinerchorherren waren es diesmal, die das Kloster mit Leben erfüllten, ein im Mittelalter überaus bedeutender Orden, eine Art Auffangbecken im geistlichen Bereich für die Elite jener Zeit. So ist es mit Sicherheit kein Zufall, daß auch der spätere Reformator Martin Luther ursprünglich dem Augustinerorden angehörte.

Bald nannten die Mönche von Beuron ein wundertätiges Gnadenbild ihr eigen, die Skulptur von der schmerzhaften Muttergottes, geschnitzt aus Lindenholz, zu der bereits im 16. Jahrhundert – wie auch noch heute – Tausende von Pilgern jährlich Wallfahrten unternahmen, egal, ob das Kloster von Augustinern oder Benediktinern geleitet wurde.

Bis ins Jahr 1802 währte die Blüte von Beuron, dann kam das gewaltsame Ende in Form der Säkularisierung. Letzter Abt von Beuron war Dominikus Mayer aus Rottweil, ein frommer Mann, von dessen Amtseinführung erzählt wird, daß einer seiner Mönche ungewöhnlich lange mit dem obligatorischen Trinkspruch gezögert habe und schließlich mit ernster Miene den Spruch ausbrachte: »Hoch lebe unser hochwürdigster Abt Dominikus I. – aber auch der letzte!« Und tatsächlich, die Vorahnung erfüllte sich, das Kloster wurde aufgehoben, das Klostergut dem Fürstenhaus Hohenzollern-Sigmaringen zugeschlagen, die Mönche mußten gehen.

60 Jahre waren die Klostergebäude nun verwaist, bis auf Anregung der Fürstinwitwe Katharina von Hohenzollern-Sigmaringen wieder Benediktiner nach Beuron kamen und dank großzügiger Schenkungen und Unterstützung durch die Fürstin den Grundstein zu einer neuen Blüte legen konnten. Doch kaum hatte diese begonnen, drohte schon wieder Gefahr: Der preußische Kulturkampf, also die Auseinandersetzungen des Staates vornehmlich mit der katholischen Kirche, führte im Jahr 1875 zur Aufhebung aller Orden in den preußischen Gebieten. Beuron gehörte zu Hohenzollern-Sigmaringen und dieses zum preußischen Territorium. Selbst persönliche Vermittlungsversuche der Fürstin Katharina bei Reichskanzler Otto von Bismarck brachten nichts ein: Die Beuroner Benediktiner mußen sich im benachbarten Ausland eine neue Bleibe suchen. Bayern und Württemberg hatten ih-

ren Asylantrag abgelehnt, so daß sie schließlich im Tiroler Kloster Volders Zuflucht fanden.

Erstaunlicherweise konnten die Mönche gerade in dieser Zeit der Verbannung regen Zulauf verzeichnen, und so gründete Abt Maurus ein Tochterkloster in England sowie ein Kloster im altehrwürdigen Stift Emaus in Prag, das bald schon zahlreiche hochangesehene Wissenschaftler aus ganz Böhmen anzog und ausbildete. Auch die Prager Filialabtei wurde bald wieder zu klein, und deshalb wurde in Seckau in der Steiermark ein weiteres Kloster eröffnet – wohlgemerkt: dies alles in der Fremde, im Exil.

Doch im Jahr 1887 war es vorbei mit dem Ordensverbot: Nach zwölfjähriger Verbannung und nach der Aufhebung der preußischen Klostergesetze konnten die Benediktiner zurückkehren in ihre Heimat Beuron, angeführt von ihrem Abt Maurus, der in der Zeit des Exils zum Erzabt aufgestiegen war. So wurde aus Beuron eine Erzabtei, und das ist es bis auf den heutigen Tag geblieben.

Spitzbubenschicksal

In Biberach starb am 20. Juli 1819 der »schwäbische Robin Hood« – so wird er zumindest heutzutage von manchen genannt –, Xaver Hohenleiter, der Schwarze Veri (oder Vere). Er war ein eher drittklassiger Gauner, der aber dennoch als Volksheld in die oberschwäbische Geschichte eingegangen ist wie kaum einer vor oder nach ihm. Vielleicht war, was seinen bis auf den heutigen Tag legendären Ruf betrifft, das auslösende Moment der Blitz, der damals am 20. Juli in den Siechenturm zu Biberach einschlug und den Schwarzen Vere vom Leben zum Tod beförderte. Das hat den Dichter Gustav Schwab zu einem schauerlichen Gedicht inspiriert, das Legionen württembergischer Volksschulklassen auswendig zu lernen hatten. Richtig populär ist der früher so verachtete Gauner heutzutage im Oberland: Da gibt es eine Jazzkapelle, die sich nach dem Schwarzen Vere nennt, Fastnachtszünfte, ja selbst Speisen und Getränke werben für sich mit dem Namen des legendären Missetäters, der zu seinen Lebzeiten gefürchtet, aber mit heutigen Maßstäben gemessen eher ein armseliger Lump denn ein großer Räuberhauptmann gewesen ist. Was also hatte es auf sich mit dem Schwarzen Veri, der heute noch für so viel Gesprächsstoff sorgt und der in Biberach seinen letzten Schnaufer tat?

Im Mai 1819 wurde die Bevölkerung von Altshausen und Umgebung durch mehrere Zettel zu Tode erschreckt, die an Bäumen hingen und auf denen zu lesen stand: »Wer den Galgen nicht scheut, den die Arbeit nicht freut, der komme zu

31

mir, ich brauche Leut. Hauptmann einer Spitzbubenbande von 250 Mann.« Eine Räuberschar in Armeestärke in Oberschwaben! Das hatte es bis dahin nicht gegeben. Die Bewohner dieses damals (wie teilweise auch heute noch) relativ dünn besiedelten Landstrichs machten sich dementsprechend große Sorgen um Leib und Leben. Immerhin war nur wenige Tage zuvor ein ehemaliger Soldat von der Kugel eines Gauners in den Kopf getroffen und schwer verletzt worden.

Beides, die Aufrufe und die schwere Körperverletzung, schrieb man der Gaunerbande des Schwarzen Veri zu, die, wie mehrere andere, zu dieser Zeit in Oberschwaben ihr Unwesen trieb und sich vor allem durch Diebstähle über Wasser zu halten suchte. Wenn die braven Oberschwaben allerdings damals gewußt hätten, wie schamlos der Schwarze Veri übertrieben hatte: Statt der behaupteten 250 Gauner umfaßte seine Bande nämlich ganze sechs Mitglieder, und deren Zustand war genauso wie ihre Bewaffnung, nämlich schlicht und ergreifend erbarmungswürdig, so gar nicht an einen Robin Hood und dessen glanzvolle Taten erinnernd. Er war auch nie und nimmer ein Mörder, der Schwarze Veri, sondern einer, der ganz gern mal hart hinlangte, wenn's zur Sache ging. Die Bewaffnung der großen Räuber bestand in der Hauptsache aus Knotenstöcken, wie sie die vagierenden Handwerksburschen benutzt haben, dazu aus ein paar halbwegs funktionierenden Pistolen, einem Küchenmesser und einem oder zwei verrosteten Gewehren, die allerdings meist nur ausgeliehen waren von undurchsichtigen Wirtsleuten aus einem der zahlreichen abgelegenen Gasthöfe, die den Schurken als Unterschlupf und Nachrichtenquelle dienten.

Genauso armselig wie die Bewaffnung war in aller Regel die Beute der Räuber: Große Überfälle gelangen so gut wie überhaupt nie, wichtig waren den Halunken vor allem Nahrungsmittel aus den Bauernhäusern, ein Festtag war es schon, wenn einmal eine besonders große Speckseite oder womöglich eine halbe Sau erbeutet werden konnte, dann hatte man wieder für eine Weile ausgesorgt im täglichen Kampf ums Überleben und gegen den knurrenden Magen. Sie lebten also im wahrsten Sinn des Wortes von der Hand in den Mund, erbeuteten mal hier einige Gulden, dort eine Uhr, Kleidungsstücke, Schmuck, etwas Wein – aber das war's dann auch schon an Diebsgut, das sie mit in eines ihrer Lager im Wald schleppen konnten, in ihre mit Moos und Gras ausgepolsterten Hütten. Besonders stolz war man da schon, wenn einem mal ein Zinnteller in die Hände fiel: Der wurde eingeschmolzen, hinterher in kleine Stücke zerhackt und als Schrot für die paar verrosteten Flinten benutzt, die sie besaßen.

Wie ein solcher Raubzug vor sich ging, wird in den Vernehmungsprotokollen des Schwarzen Veri ausführlich beschrieben, zum Beispiel der Überfall auf den Argenharder Hof in der Nähe von Tettnang. Man hatte ausspioniert, daß auf dem abgelegenen Gehöft am Sonntag während der Gottesdienstzeit meist nur die alte Witwe Schmid Wache hielt. Also wurde gewartet, bis die Bewohner wieder einmal zur Messe gegangen waren, darauf wurde die alte Frau überwältigt (was ja nun wirklich kein Kunststück war), das Gebäude durchwühlt, doch außer einigen Talern war nichts von Wert zu finden. Die Witwe, befragt nach dem Versteck des restlichen Geldes, machte keine Angaben, darauf rissen die in Rage geratenen Gauner der alte Frau die Haare aus und schlugen sie auf den Kopf, doch der Armen war nichts zu entlocken. (Wie sich hinterher herausstellte, war auf dem Hof auch kein Geld mehr vorhanden.) Selbst Drohungen mit gezücktem Messer halfen nichts, deshalb raubte man nun zusammen, was sich nur irgendwie tragen ließ: Betten, Kleider, Geschirr und ähnliches mehr. Zu guter Letzt setzte man sich an den Küchentisch und stärkte sich ordentlich mit Brot, Speck und reichlich Schnaps. Das restliche Rauchfleisch und einige Töpfe Schmalz nahmen die Schufte ebenfalls unter die Arme und flohen, endlich mal wieder mit vollem Bauch und mit genug Proviant für die nächsten paar Tage.

Nach diesem Muster verliefen die Überfälle, einer nach dem anderen. Entlassene Soldaten, von ihrem Besitz vertriebene Bauern, entrechtete, von der Gesellschaft der Biedermeierzeit an den Rand gedrängte und sozial schwache Menschen – aus solchen Leuten setzten sich die damaligen Gaunerbanden zusammen. Nicht das wunderschöne freie Gaunerleben stand dabei im Vordergrund, sondern der Hunger und die Hoffnung, wieder einige Tage überleben zu können.

Doch im Gebiet um Königseggwald trieb es die Bande des Schwarzen Veri zu toll mit Räubereien und Überfällen. Die Behörden verstärkten ihre Streifen in der Umgebung, auch das Forstpersonal von Königseggwald beteiligte sich an der Suche, und bald wurden die Räuber mitten im Wald gestellt, nur wenige Stunden nach einem Überfall auf dem Boden sitzend, gerade das zusammengeraubte Brot und Fleisch genüßlich verzehrend. Nach kurzer, genauso heftiger wie erfolgloser Gegenwehr wurden der Schwarze Veri und seine Spießgesellen dann vom Forstpraktikanten Heinrich Langen und dessen Helfern gefangengenommen und unter lautstarkem Jubel der Bevölkerung zunächst nach Königseggwald gebracht.

Im Gefängnis zu Biberach, nicht im eigens für die Bande des Schwarzen Veri ausgebauten Weißen Turm, sondern im »Ehinger Torturm«, dem damals schon so genannten Siechenturm (nomen est omen!), ereilte schließlich den Räuberhauptmann das Schicksal: Ein starkes Gewitter tobte über dem nächtlichen Biberach, und mit einem Mal durchzuckte ein greller Blitz die Dunkelheit, verbunden mit einem gewaltigen Donnerschlag. Sofort war klar, daß der Blitz irgendwo eingeschlagen haben mußte, und schnell verbreitete sich die Nachricht, daß es den Turm getroffen habe, in dem der Räuberhauptmann gefangengehalten wurde.

Kaum war nun die schwere Gefängnistür geöffnet, quoll aus einer der Zellen dicker Rauch hervor, so daß der Zutritt zunächst fast unmöglich schien. Als die ersten dann in die Zelle des Schwarzen Veri eindrangen, fanden sie den Gefangenen, vom Blitz erschlagen, auf seiner Pritsche liegend. Sobald man den Körper an die Luft brachte – heißt es in alten Protokollen –, fingen die Kleider an zu brennen; jeder Wiederbelebungsversuch, der gemacht wurde, blieb vergeblich. Die rechte Seite des Schwarzen Veri hatte der Blitz verbrannt, der Bandenchef war sofort tot hingesunken.

Eigentümlich der Weg, der der Blitz genommen hatte: durch die Wetterfahne über den Dachstuhl, den er zerschmetterte, dann durch den Schornstein. Im obersten Stockwerk zerstörte er die Zwischenwand zweier Gefängniszellen, ohne die Gefangenen zu verletzen, im darunterliegenden Stock fuhr er in den Ofen, ohne jemandem Schaden zuzufügen. In der Zelle des Schwarzen Veri ergab sich, daß der Blitzstrahl durch die an der Mauer befestigte Kette gefahren war, an der der Schwarze Veri angekettet lag, und ihn erschlagen hatte.

Die Mitglieder der Räuberbande wurden nach dem Ende ihres Hauptmanns in andere Gefängnisse gebracht; der Schock saß tief, und keiner von ihnen wollte mehr zurück in den Siechenturm, nicht zurück an die Stätte, an der ein Gottesurteil – so sahen es die Zeitgenossen – den Verbrecher ereilt hatte. Dies war der Beginn des Mythos vom Schwarzen Veri, an dem seither kräftig gestrickt wurde, teilweise sogar mit regierungsamtlicher Unterstützung. So entstand 32 Jahre nach Veris Tod in Biberach das Gedicht von Gustav Schwab, das dem damals (nach jahrhundertelanger Zugehörigkeit Oberschwabens zu Vorderösterreich) nicht sehr beliebten württembergischen Herrscher gerade recht kam. Als Motto diente Schwab Psalm 104, Vers 4: »Lobe den Herren, der die Winde zu seinen Boten bestellt, zu seinen Dienern Lohe und Feuer.« Strophen wie: »Anklopft das Wetter unter Sturm / zu Biberach am Sünderturm« lesen wir in dem Gedicht. »Der Mörder krümmt sich wie ein Wurm / der Donner schüttelt an dem Turm / die andern hat verschont der Schlag / und nur als schwarze Schlacke lag / mit Ketten und mit Eisenband / verschmolzen einer an der Wand.«

Mit diesem schauerlichen Epos ließ sich aus Stuttgarter Sicht in Oberschwaben bestens Propaganda machen; man meinte, damit zeigen zu können, daß es noch eine göttliche Gerechtigkeit gab, die mit den württembergischen Behörden zusammenarbeite. Und daß der Mörder (der im übrigen nie einer war), der elende Bösewicht, der vom Himmel »persönlich« gerichtet worden war, ausgerechnet aus dem katholischen Oberschwaben stammte, das kam den evangelischen Altwürttembergern überdies gerade recht.

Der Schwarze Veri, das war ein kleiner oberschwäbischer Gauner, der im Verlauf von Jahrzehnten zum Mythos hochstilisiert worden ist, einem Mythos, den es ohne das schreckliche Ende des Räuberhauptmanns in Biberach mit Sicherheit nicht gegeben hätte.

Witwensitz ganz ohne Witwen

Drei Dinge scheinen von Brackenheim mindestens erwähnenswert: daß es die Gemeinde mit dem größten Weinertrag in Württemberg darstellt, daß der erste Bundespräsident, Theodor Heuss, am 31. Januar 1884 hier geboren worden ist (auf die Frage, ob man sein Geburtshaus für den Neubau der Kelter abreißen könne, hat er geantwortet: »Reißt's nur ab – eine Stätte zur Pflege des guten Brackenheimer Weins scheint mir wichtiger als romantischer Ruhm auf Vorrat«) – und die Tatsache, daß hier ein hübsches altes Schloß zu sehen ist, das dem Alten Schloß in Stuttgart zum Verwechseln ähnlich sieht, wenngleich es auch wesentlich kleiner ist. Diese Ähnlichkeit hat ihren Grund, denn das Schloß von Brackenheim, von dem nun die Rede sein soll, war zwei Jahrzehnte lang Witwensitz der Herrscherinnen von Württemberg – oder sollte es zumindest sein.

Vergrößert und teilweise neu erbaut, wie so viele andere in jener Zeit, wurde das Brackenheimer Schloß von Herzog Christoph um das Jahr 1550.

Als nun anno 1609 Herzog Johann Friedrich von Württemberg die Tochter des brandenburgischen Kurfürsten, Barbara Sophia, ehelichte, wurde, wie damals üblich, eine Heiratsabrede getroffen. Die künftige Herzogsgattin sollte für den Fall des Ablebens ihres Gemahls rückversichert werden. Da sie als Heiratsgut Bares in Form von 18 000 Gulden mit in die Ehe gebracht hatte, sollten ihr nach dem Tode des Herzogs jährliche Einkünfte von 4000 Gulden zukommen und sollte sie auf

37

Schloß, Stadt und Amt Brackenheim »bewidmet, verwiesen und versichert« sein. Mit ein Grund für die Wahl von Brackenheim dürfte die Tatsache gewesen sein, daß die jährlichen Einkünfte des Amtes durchschnittlich 4000 Gulden betrugen, der württembergische Hof also nicht noch aus der eigenen Kasse zuschießen mußte. Da in der Residenz Stuttgart nur der jeweils regierende Herzog mit seiner Familie weilen durfte, wurde vertraglich festgelegt, daß Barbara Sophia als Witwe bis zu einer Wiederverheiratung oder bis zu ihrem Tod im Brackenheimer Schloß wohnen konnte. Zwar bekam sie nicht das Jagdrecht eingeräumt, dafür aber jährlich zehn Hirsche und zehn Wildschweine zugesichert, außerdem sollte es ihren Dienern und ihr selbst nicht verwehrt sein, Hasen, Füchse, Waldvögel und Felshühner »zur Lustbarkeit« zu jagen. Für den Fall, daß es einmal weniger als die 4000 Gulden an Einnahmen gab, sollten die benachbarten württembergischen Ämter einspringen.

Wohlgemerkt: Diese ganze Vereinbarung wurde zu einem Zeitpunkt geschlossen, als der Herzog und die Herzogin gerade frisch vermählt waren!

Im Jahr 1628 starb Johann Friedrich, und Barbara Sophia machte sich daran, ihren vertraglich zugewiesenen Witwensitz zu beziehen, »weil mir der Nam und Ort so wohlgefällt«. Das eine oder andere Zimmer, verlangte sie, sei vor ihrem Einzug noch zu renovieren. Doch die Renovierungsarbeiten zogen sich aufgrund des Dreißigjährigen Krieges und der damit verbundenen Belastungen einige Zeit hin, bis dann am 16. Juli 1631, im Vorgriff auf den zu erwartenden Umzug, die Bürger von Brackenheim schon einmal im Rathaus den Bevollmächtigten ihrer neuen Herrin zu huldigen hatten. Vogt, Schultheiß, Gericht und Rat wurden zunächst von ihren bisherigen Verpflichtungen befreit und anschließend durch ein Gelübde auf die neue Herrschaft eingeschworen. Auf dem Marktplatz schworen die Einwohner von Brackenheim und der umliegenden Orte, der Herzogswitwe »getreu und hold, gehorsam

und gewertig« zu sein, solange diese in Brackenheim lebte. Die Bürger erhielten daraufhin pro Person ein Maß Wein, »dessen sie sich unterthänigst bedankten«.

Doch die Renovierungsarbeiten waren immer noch nicht abgeschlossen, und so zog Barbara Sophia samt ihrem achtundvierzigköpfigen Hofstaat erst einmal nach Kirchheim/Teck, später, als die kriegerischen Auseinandersetzungen in Württemberg gefährlicher zu werden drohten, begab sie sich nach Straßburg, wo sie, ohne ihren Witwensitz bezogen zu haben, am 13. Februar 1636 starb.

Die nächste, die im Ehevertrag Brackenheim als Witwensitz zugewiesen bekam, war Maria Dorothea Sophia, die Gemahlin Herzog Eberhards III. von Württemberg, der am 2. Juli 1674 das Zeitliche segnete. Die Dame galt als höchst verschwendungssüchtig, und die herzoglichen Räte bedrängten ihren Sohn Wilhelm Ludwig, seine Mutter endlich aus Stuttgart zu entfernen. Doch in dem durch Brandstiftung übel aussehenden Schloß Brackenheim konnte sie nicht gleich untergebracht werden. Widerstrebend ließ sie sich ebenfalls nach Kirchheim/Teck geleiten, von wo aus sie den Umbau des Brackenheimer Schlosses zu einem herzoglichen Witwensitz dirigierte. Unentwegt forderte sie mehr Zimmer, größere Zimmer, die Einrichtung einer Schloßapotheke, ein Laboratorium für ihren Apotheker, eine Steinbrücke für die Auffahrt, bessere, größere Pferdeställe, die Aufstockung eines Seitenflügels und so weiter und so weiter.

Die Sonderwünsche strapazierten die leere Staatskasse arg, und die Renovierung zog sich aus Gründen der Mittelknappheit über Jahre hin, was freilich die Herzogswitwe nicht daran hinderte, neue Forderungen aufzustellen. So verlangte sie im Jahr 1681, daß ein Teil der neuen Sessel »nicht uff die gewohnliche Manier, sondern nach der neuesten Pariser Mode« bezogen werden sollte. 1685 forderte sie wertvolle »Tapezereyen«; sie schäme sich, in untapezierten Zimmern hausen zu sollen. Auf das Argument, daß ja bei ihrer Eheschließung auch keine

Tapeten im Schloß gewesen seien, entgegnete sie nur, daß zwischen der damaligen und der jetzigen Lebensart eben ein Unterschied bestehe. Sie bekam ihre Tapeten, genauso wie eine Kapelle – doch nun war's der Fußboden, der sie störte und ihr zu »semppel« vorkam: Durch edle Hölzer sollten die Bodenbretter gefälligst ersetzt werden. Als dann im Jahr 1688 endlich alles zur Zufriedenheit der Herzogswitwe vollendet war, verhinderte der Einfall der Franzosen unter General Mélac den Einzug ins neugestaltete Schloß. Maria Dorothea Sophia floh nach Regensburg, kam später zurück und starb, ohne das Brackenheimer Schloß bezogen zu haben, in Nürtingen.

Die Brackenheimer Obervögte und später ab und an Mitglieder der herzoglichen Familien wohnten nun im Schloß, das Mitte des 18. Jahrhunderts noch einmal Witwensitz werden sollte. Der Herzogadministrator Karl Rudolf von Württemberg-Neuenstadt, der zwar mit seiner Partnerin, der Gräfin Maria Theresia de la Contry, nicht verheiratet war, seine Verbindung aber (ganz im absolutistischen Stil der Zeit) auch ohne Priester als vor Gott geschlossene Ehe ansah, hatte 50 000 Gulden für den Ankauf eines Witwensitzes zur Verfügung gestellt. Die württembergische Regierung nun bot der Gräfin nach dem Tod des Administrators 1743 Brackenheim als Wohnort an, was sie akzeptierte, nicht ohne allerdings noch eine Renovierung der Zimmer und die teilweise Neuanlage des Gartens zu verlangen, was ihr genehmigt wurde. Außerdem forderte sie vom zuständigen Forstamt einen jährlichen Unterhalt von zwei Hirschen, zwei Bachen, vier Frischlingen, vier Rehen, 24 Hasen, vier Dutzend Rebhühnern und ein bis zwei Dutzend Schnepfen. Bescheidenheit war auch bei leeren Staatskassen und einer grenzenlosen Armut der Bevölkerung nicht gerade die Zier der adligen Damen jener Zeit.

Bevor sie allerdings die nach ihrem Wunsch hergerichtete Anlage beziehen konnte, starb die Gräfin im Jahr 1748 – womit in zweihundert Jahren keine der Witwen ihren Witwensitz in Brackenheim hatte beziehen können.

Erntedank auf römisch

Dem Wettergott, dem Gott der Blitze und des Donners haben
sie einst die siebeneinhalb Meter hohe Säule geweiht, die früheren Bewohner von Hausen an der Zaber. Während das Ori-
ginal im Württembergischen Landesmuseum in Stuttgart la-
gert, sieht der Besucher in Hausen neben der Winzergenos-
senschaft immerhin einen Abguß der imponierenden Jupiter-
gigantensäule aus der Zeit um 200 nach Christus. Im Jahr 1964
hat man ihre Reste bei Grabungsarbeiten gefunden – in einer
Mulde kreuz und quer zusammengeworfene Teile zweier Säulen, steinerne Reliefs verschiedener Gottheiten, durch Brand-
spuren und deutliche Anzeichen gewaltsamer Zerstörung gezeichnete Einzelstücke.

Es war kein römischer Tempel, der hier nach 1800 Jahren
wieder ans Tageslicht gefördert wurde, vielmehr ein Denkmal
der Frömmigkeit der ehemaligen Siedler in diesem Raum, ein
Dankzeichen des römischen Gutsherren an die Himmelsgöt-
ter für die Erhörung seiner Gebete und die reiche Ernte. Zu
Hunderten scheint es sie im römisch besiedelten Raum des
heutigen Württemberg gegeben zu haben, und zwar nur hier
als in den Himmel ragende Säulen, eine Form, die man in dieser Verwendung weder in der Heimat der Römer am Mittel-
meer noch sonstwo im riesigen römischen Imperium findet.
Der Schluß liegt deshalb nahe, daß die neuen, römischen Herren des Landes kultische Handlungen der von ihnen vertrie-
benen Vorgänger, der Kelten, übernommen und in ihre eigene
Glaubenswelt eingegliedert haben. Gerade mit Hilfe der Jupi-

42

tergigantensäule von Hausen läßt sich diese Vermutung zusätzlich untermauern, denn eine Inschrift am Sockel des Denkmals nennt den Namen des Stifters: Gaius Vettius Connougus. Der Familienname des Gutsbesitzers ist alles andere als römischen Ursprungs. Hat es sich womöglich um einen Mann mit keltischen Vorfahren gehandelt, der es im Lauf der Zeit unter den Römern zu Reichtum und Ansehen brachte?

Hoch oben auf der Säule thront steinern Jupiter, auf einem edlen Roß sitzend, mit der erhobenen rechten Hand Blitze auf die unter ihm Stehenden schleudernd. Unter den Vorderhufen seines Pferdes begraben sieht man eine Dämonengestalt – vielleicht die Verkörperung der drohend-unheimlichen Gewitterwolke, auf der Jupiter mit Blitz und Donner heranbraust.

Nicht zum Schutz vor einem Gewitter freilich hat der römische Gutsherr die gigantische Steinsäule errichten lassen, sondern in Erfüllung eines Gelübdes, mit dem er geschworen hat, dem Wettergott ein Denkmal zu weihen, falls die Witterung in diesem Jahr gut und die Ernte reichlich ausfallen würde und falls kein Schaden durch Hagel, Blitz oder Sturm die Arbeit des Jahres zunichte mache. Offensichtlich waren die Gebete des Gutsherrn erhört worden, und mit dem Verkaufserlös seiner Früchte konnte er sein Gelübde einlösen. Einmal erbaut, bot die sorgsam gepflegte Säule genug Platz zur Darstellung anderer Gottheiten, deren Unterstützung sich zu versichern ebenfalls nicht schaden konnte. Juno Regine, der Gemahlin des Jupiter, wurde ebenso gedacht wie Herkules, des Überwinders jeglicher Mühsal, oder Merkur, der für das wirtschaftliche Vorwärtskommen sorgte.

Neben dem keltischen Einfluß erstaunt die Tatsache, daß mit allergrößter Wahrscheinlichkeit ausgerechnet ein Germane die Säule gebaut hat – wie anders ließe es sich erklären, daß alle Maße, die an der Kolonne auszumachen sind, mit der germanischen Maßeinheit Fuß, einer Länge von 33,2 Zentimetern, in Verbindung gebracht werden können?

Dieses geradezu internationale Heiligtum stand allerdings nicht lang an seinem Platz.

Im dritten Jahrhundert nach Christus war es mit der römischen Besetzung von Germanien vorbei; die Alemannen überrannten den Limes und zerstörten nahezu alles, was auf ihrem Weg lag, auch den römischen Gutshof in Hausen an der Zaber. Sollten einige seiner Bewohner nicht rechtzeitig geflohen sein, erlitten sie ein schlimmes Schicksal. Die Jupitersäule zur Erinnerung an die Einlösung des Wettergelübdes schleiften die Alemannen vollständig, als sie den Gutshof in Feuer aufgehen ließen; fast sämtlichen Figuren schlugen sie den Kopf ab. Es war wohl eine symbolische Enthauptung, mit der die Macht der feindlichen Götter gebrochen werden sollte. Nur die totale Zerstörung des Heiligtums machte die Eroberer sicher vor der himmlischen Rache der Götter jener Leute, die sie aus dem Land vertrieben hatten.

Verbrecher
aus verlorener Ehre

»Der Sonnenwirtle?« – »Sonne?« – »Schwanen?« – »Ja – halt amol ... ja wo war jetzt au des?« – »Im Deutschen Kaiser? Da war die frühere Sonne!« – »Ja, da wollten sie mal ein Schild anbringen, aber dann haben sie's doch sein lassen.«

Antworten, die der Suchende auf der Straße erhält. Ist es auch statthaft, einem der gefürchtetsten Verbrecher seiner Zeit und einem der berühmtesten bis auf den heutigen Tag ein Denkmal zu setzen, und sei's auch nur in Form einer kleinen Erinnerungstafel an der nicht mehr sehr historisch anmutenden Fassade der ehemaligen Wirtschaft »Zur Sonne« in Ebersbach an der Fils, dem späteren »Deutschen Kaiser« (ausgerechnet!), hinter der man heute auch kein Gasthaus mehr findet?

Johann Friedrich Schwan hieß der Missetäter; unter dem Namen »Der Sonnenwirtle« (was nichts anderes heißt als der Sohn des Wirts vom Gasthaus »Zur Sonne«) ist er in die deutsche Rechts- und Literaturgeschichte eingegangen. Hier in Ebersbach ist er geboren worden, in dem Gasthof an der Hauptstraße, hier hat seine Verbrecherkarriere ihren Anfang genommen. Von seiner Lebensgeschichte inspiriert hat kein geringerer als Friedrich Schiller die herzzerreißende Erzählung »Der Verbrecher aus verlorener Ehre« geschrieben; seine Biographie hat Hermann Kurz dem Roman »Der Sonnenwirt« zugrundegelegt.

Johann Friedrich Schwan war, man lese und staune, ein bibelfester Räuber. Aufgrund seines beachtlichen Gedächtnisses konnte er schon in der Schule eine Unmenge an Choraltexten und biblischen Sprüchen hersagen. Doch das hat ihn nicht davor bewahrt, auf die schiefe Bahn zu geraten. Zunächst einmal war er ein sehr rauflustiger Geselle, der, so kleingewachsen er mit seinen 1 Meter 55 auch war, keiner Schlägerei aus dem Weg ging. Dazu kam, daß er mit Messern bestens umzugehen wußte – Kunststück, schließlich lernte er bei seinem Vater das Metzgerhandwerk.

Als Johann Friedrich 14 Jahre alt war, heiratete sein Vater zum zweitenmal. Der kleine Sonnenwirtle hatte von Beginn an kein gutes Verhältnis zu seiner Stiefmutter. Der erste handfeste Krach endete mit einer Kürzung des Taschengeldes, worauf sich der jähzornige Junge am Sparstrumpf seines Vaters rächte, die damals ordentliche Summe von 370 Gulden stibitzte und sich damit aus dem Staub machte. Der Vater meldete den Diebstahl der Obrigkeit, und von nun an ging's bergab: Der Sonnenwirtle wurde ergriffen und ins Gefängnis gesperrt, aus dem er aber bald wieder ausbrach und natürlich überlegte, wie er künftig den Nachstellungen als entflohener Sträfling entgehen könne. Er besorgte sich eine Husarenuniform und ritt mit sämtlichen dazugehörigen Waffen nach Ebersbach ein, wo er die verschreckte Bürgerschaft nach Herzenslust malträtierte, bis die vom Amtmann in seiner Not alarmierte Bürgerwehr den Übeltäter zur Räson bringen und wieder einsperren konnte – diesmal gleich für sechs Monate, und das im Alter von 16 Jahren! Sein Leben – wie auch das seiner Lebensgefährtinnen – verlief von da an tragisch, chancenlos, vorgezeichnet auf einem Weg, den er nicht mehr verlassen konnte, weil man ihn nicht mehr in die Gesellschaft integrieren wollte.

Gerade aus dem Zuchthaus in Ludwigsburg entlassen, lernte er in seinem Heimatort Ebersbach die blonde Christine Müller kennen und machte ihr, wie es heißt, in der Abwesenheit ihrer Eltern mit vorgehaltenem Metzgermesser einen Heiratsantrag. Christine scheint sich von Anfang an zum Sonnenwirtle hingezogen gefühlt zu haben. Sie willigte ein, und die beiden bekamen – ohne Trauschein noch und ohne den Segen der Eltern – ein Kind, ein uneheliches also. Christine Müller war entehrt, von nun an galt sie im Ort als Hure. Und der Sonnenwirtle? Er bemühte sich, seine Beziehung mit Christine legal zu machen, doch kein Pfarrer weit und breit war bereit, das Paar zu trauen.

Wegen Wilderei wanderte Johann Friedrich wiederum für einige Monate ins Zuchthaus und mußte nach seiner Entlassung erfahren, daß man seine Christine in der Zwischenzeit im Göppinger Gefängnis in die sogenannte Hurenzelle gesperrt hatte. Immer wieder versuchte er, Christine aus dieser Zelle zu befreien, immer wieder hat man ihn bei den Befreiungsversuchen erwischt, immer wieder sperrte man ihn ein, und immer wieder ist er freigekommen. Schließlich, als dann doch beide auf freien Fuß kamen, versuchte er erneut, einen Pfarrer für ihre Trauung zu finden: wieder vergebens.

Aus Rache raubte er eines der Pfarrhäuser, in dem man ihn abgewiesen hatte, aus, doch er wurde erwischt. Es folgte die Gefangennahme und Verurteilung zu lebenslänglicher Kerkerhaft auf dem Asperg. Bei seinem ersten Ausbruchsversuch dort stürzte er sich von der Mauer in den Burggraben, wo er mit gebrochenem Bein liegenblieb. Daraufhin wurde er in ein noch sichereres, dunkles, feuchtes Verlies gesperrt, doch wieder gab er nicht auf: Monatelang lockerte der Sonnenwirtle mit einem rostigen Nagel einen Mauerstein, bis ihm an Weihnachten 1755 der Ausbruch mit vier weiteren Gefangenen, von denen einer dabei tödlich verunglückte, gelang.

Gleich danach tauchte er wieder in Ebersbach auf. Das blieb den Bürgern dort zwar nicht verborgen, doch keiner meldete ihn der Obrigkeit – man hatte Angst, Angst vor dem Sonnenwirtle und seinen Gewalttätigkeiten.

Johann Friedrich Schwan wollte nun noch einmal ganz von vorn anfangen und dazu, wie so viele, nach Amerika, ins Land der Hoffnungen, auswandern. Doch der Vater war strikt dagegen und verweigerte ihm das Geld, das zur Überfahrt notwendig gewesen wäre. Nach einigen Monaten in Frankfurt, also im »Ausland«, kam's zur neuerlichen Gefangennahme, diesmal landete er im Göppinger Gefängnis und – floh auch von dort wieder. Und so verbreitete sich der Mythos vom Sonnenwirtle allmählich in ganz Württemberg, der Mythos vom Ausbrecherkönig und vom Kämpfer gegen den unbeliebten Landesherrn Carl Eugen.

Doch der Sonnenwirtle kämpfte nur seinen persönlichen Lebenskampf, keine politische Fehde. 1757 schloß er sich einer Gaunerbande an, bei der er eine Frau kennenlernte, die fast denselben Vornamen wie seine bisherige Lebensgefährtin trug, Christina Schettinger. Die, wie es heißt, schwarzhaarige, glutäugige Christina hatte nie ein bürgerliches Leben gekannt; zwanzig ihrer Verwandten sollen am Galgen oder auf dem Rad geendet haben. Der Sonnenwirtle hat sie völlig in ihren Bann geschlagen, dennoch nahm der entsprungene Festungshäftling Schwan noch einmal einen Anlauf zu einem braven, bürgerlichen Leben.

Weil ihm das in Württemberg gänzlich unmöglich war, wandte er sich an die badischen Behörden mit der Bitte um Verzeihung seiner – nicht in Baden angerichteten – Missetaten und der Frage, ob man ihm nicht ein »kleines, ehrliches Ämtchen« besorgen könne. Doch dafür war es längst zu spät. In Jöhlingen bei Karlsruhe wollte man ihn dingfest machen; mit seiner Pistole konnte er sich gerade noch den Weg freischießen, aber die schwarze Christina wurde gefangengenommen. Freikaufen wollte er sie daraufhin – vergebens. Im März 1760 schließlich wurde er in Vaihingen an der Enz ergriffen und anschließend vor Gericht gestellt.

Hier trafen nun die beiden Lebensgefährtinnen des Sonnenwirtles einander zum ersten Mal: die blonde Christine, die man als Hure ins Gefängnis gesteckt hatte, nachdem sie ein Kind vom Sonnenwirtle bekommen hatte, und die schwarze Christina, die im Gefängnis einen Sohn zur Welt gebracht hatte. Nur neun Wochen nach der Geburt wurde der verzweifelt sich wehrenden Frau das Kind entzogen, tagelang soll sie daraufhin wie eine Wahnsinnige getobt haben. Ihr Urteil lautete: Tod am Galgen! Bis zuletzt rief sie verzweifelt nach ihrem Kind, die Henkersknechte mußten sie die Stufen zum Galgen hinauftragen, so sehr wehrte sich die verzweifelte Mutter – vergebens. Als ihre Hoffnung auf Begnadigung schwand, sollen ihre letzten Worte gewesen sein: »Verfluchte, nutzlose Pfaffen, katholische wie evangelische, ist denn kein anständiger Christ da, der einer Mutter und einem armen Kind helfen kann?« Es fand sich keiner – daraufhin wurde das Urteil vollstreckt.

Für die blonde Christine als Mitwisserin der Missetaten des Sonnenwirtles gab es vier Jahre Zuchthaus und für das Sonnenwirtle selbst die grausamste und bestialischste aller Strafen zur damaligen Zeit: den Tod auf dem Rad. Am 21. Juli 1760 wurde das Sonnenwirtle langsam und qualvoll hingerichtet, das Ende eines Mannes, der – einmal auf die schiefe Bahn geraten – trotz mehrerer durchaus ernsthaft gemeinter Versuche, sich wieder in die Gesellschaft einzugliedern, von dieser Gesellschaft keine Chance mehr bekommen hatte.

Was aus den beiden Kindern des Sonnenwirtles geworden ist, das ist nirgends überliefert. Man hat ihnen wohl eine andere Identität gegeben; nichts sollte mehr an den gefürchteten Verbrecher erinnern – gar nichts, erst recht keine Tafel am ehemaligen Gasthaus »Zur Sonne« in Ebersbach zum Gedenken an das tragisch verlaufene Leben eines Menschen, der gerade wegen seiner Lebensgeschichte in die Literaturgeschichte eingegangen ist. Worauf er sicher liebend gerne verzichtet hätte.

Vier Lebens-Wege

Die »gute alte Zeit«: Wenn es sie jemals gab – im Markgräfler-
land in Südbaden scheint man ihr noch begegnen zu können.
Die Dörfer in der Rheinebene an der Grenze zur Schweiz und
zu Frankreich, die in den vergangenen Jahrhunderten aufgrund ihrer Lage im Spannungsfeld verschiedener Staaten
und Einflußbereiche viel zu erdulden hatten, haben sich etwas von der Romantik und vom Charme früherer Zeiten erhalten können. Da gibt es noch Orte, deren Zentrum so wirkt,
als habe sich baulich seit Jahrhunderten kaum etwas verän-
dert. Auch Efringen-Kirchen, die südlichste deutsche Weinbaugemeinde, bietet in dieser Hinsicht wirklich Sehenswer-
tes. Im Ortsteil Kirchen mit seiner alten, kleinen, fast klassisch
anzuschauenden Wehrkirche, dem Turm, auf dem noch jedes
Jahr ein Storchenpaar brütet, dem mit Kies bestreuten Zugang
zu Gotteshaus und Kirchhof, der Umfassungsmauer aus
Bruchsteinen, dem Gockel, der sich lautstark aus einem der
Nachbarhöfe vernehmen läßt, und den aus der Rheinebene
aufsteigenden, mit Wein bepflanzten Hügeln hat sich auch im
Hinblick auf das Brauchtum einiges von dem erhalten, was
andernorts schon längst verloren gegangen ist. Allerdings
wissen diejenigen, die stolz an der Tradition festhalten,
manchmal gar nicht mehr, was es denn mit den Bräuchen eigentlich auf sich hat, welchem Zweck sie dienen sollten.

Auch im andern Ortsteil, in Efringen, kann man dies beob-
achten. Auf einer Anhöhe über dem alten Ortskern steht die
Lutherkirche, umgeben von einer aus Bruchsteinen geschich-

teten Mauer, die auch den kleinen Friedhof, der sich nach hinten anschließt, mit einfriedet. Vier Wege führen zu der Kirche, und alle vier Zugänge haben eine eigene Bedeutung. Da gibt es den normalen Weg für die Gottesdienstbesucher (im Markgräfler Dialekt »dr Chilchweg«). Die Verstorbenen wurden früher im Totenbaum vom Trauerhaus über den Gottesacker durch den hinteren Eingang zur Aussegnung in die Kirche getragen (»dr Toteweg«). Der dritte Pfad ist der Taufweg (»dr Täufiweg«), auf dem »Gotte« und »Götti« (Patin und Pate) den Täufling in die Lutherkirche trugen. Übrigens ist das – Sinnbild oder nicht? – der steilste, andererseits auch der direkteste Weg hoch zur Kirche. Und schließlich der Hochzeitsweg (»dr Hochzitsweg«), erst vor ein paar Jahren wieder aufgemacht, nachdem er lange nach Straßenbauarbeiten verschüttet war. Dieser »Hochzitsweg«, der an seinem Rand mit Buchs bewachsen ist, durfte freilich vom Brautpaar samt den Hochzeitsgästen erst nach der Trauung in der Kirche beschritten werden, der Weg zur Trauung mußte noch über den »normalen« Kirchweg genommen werden.

Von der Wiege bis zur Bahre – für jede Station im Leben eines Menschen gab es also an der Efringer Kirche einen eigenen Weg, der früher streng eingehalten wurde. Im Ort kann heute kaum jemand mehr erklären, warum vier Wege hoch zur Lutherkirche führen. Sie existieren, und man bewahrt sie als Besonderheit. Den Sinn der Tradition (mit Seltenheitswert in der weiten Umgebung) kennt man nicht mehr. Dabei würde es gerade den Menschen des 20. Jahrhunderts, die so gerne viel verdrängen, guttun, sich mit dem Werden und Vergehen des Lebens auch im Alltag auseinanderzusetzen.

Plastisch dokumentierte Lebensgeschichte sind diese vier Pfade, Mahnung an die Kirchgänger, daß jeder erst den einen, dann den anderen Weg zu beschreiten hat, daß auch das Paar, das mit der Festgemeinde in Jubelstimmung den Hochzeitsweg hinunterschreitet, einmal von einer Trauergemeinde auf den Totenweg geleitet wird.

Sagen
im Felsgestein

»Mein Geld und mein Gut, mein Leben und mein Blut, mein alles sei dein, du Heimat am Rhein« – so steht's (vom Verfasser aus dem Markgräfler Dialekt ins Hochdeutsche übersetzt) geschrieben auf dem Friedhof von Istein unterhalb der Sankt-Veits-Kapelle am Klotzen. Die vom Rhein angeschwemmten Toten hat man hier früher begraben, als der Rhein noch direkt unterhalb des Klotzenfelsens vorbei bis zum damaligen Fischerdorf Istein reichte; erst Tulla hat ja dann den Rhein begradigt und hier bis zu 30 Meter tiefer gelegt.

Eine uralte Kulturlandschaft offenbart sich hier dem beeindruckten Betrachter: der Isteiner Klotz, ein 150 Millionen Jahre alter Korallenstock, in den vom Rhein über 100 Höhlen hineingewaschen wurden. Schon die Menschen der Steinzeit haben hier auf der Suche nach Jaspis (also Material für ihre Waffen und Geräte) ein Bergwerk in den Felsen gekratzt – eines der ältesten in ganz Europa. Natürlich waren auch die Kelten da, die Römer und die Alemannen, und alle benutzten sie den »Klotzen« unter strategischen Gesichtspunkten als Zufluchtsstätte, als Verteidigungsanlage und – schon im frühen Mittelalter auch als Ort für den Bau einer Kapelle.

Die Bischöfe von Basel haben in diesem oft heftig umkämpften Landstrich eine Doppelburg erbaut. Am Fuß des Klotzen wurde ein Nonnenkloster errichtet, das im Jahr 1355 durch ein schweres Erdbeben vollkommen zerstört wurde. Heute sieht man davon nicht einmal mehr Ruinen; das ehemalige Klostergelände ist zum Naturschutzgebiet erklärt wor-

den. In dieser Abtei soll Mitte des 12. Jahrhunderts der berühmte Prediger Bernhard von Clairvaux gewohnt haben, der ja auch zu dieser Zeit in Freiburg gepredigt hat. Eines Tages, so erzählt man sich bis heute, kam eine Mutter mit ihrem blinden Sohn zum Kloster, um Bernhard zu bitten, ihrem Sohn das Augenlicht wiederzuverschaffen. Doch der Prediger befand sich zum Zeitpunkt ihrer Ankunft bereits auf dem Rhein, hörte aber noch die verzweifelten Rufe der Mutter. Er wendete sein Boot und hob segnend die Hände über den Jungen, der fortan wieder sehen konnte.

Auch die Statue des heiligen Nepomuk, die direkt am Isteiner Klotz neben der Höhenkapelle über dem ehemaligen Kloster zu sehen ist, birgt laut Volksmund so manches Geheimnis. Von der Basler Rheinbrücke soll sie ursprünglich stammen, und im 15. Jahrhundert, nach der Schleifung der Doppelburg durch die Stadt Basel, soll mehrfach versucht worden sein, sie wieder an ihren alten Standort zu bringen. Doch jedesmal sei sie von der Brücke in den Rhein gefallen und vom Strom wieder an den Isteiner Klotz gespült worden, wo man sie schließlich, nach diesem »Fingerzeig Gottes«, auch behalten durfte.

Sagen, Erzählungen und Legenden am und über den Isteiner Klotz: Wer wundert sich darüber, nachdem dieser imposante Felsen jahrtausendelang eine wichtige Rolle im Leben der hier wohnenden Menschen gespielt hat – bis zum Ende des Zweiten Weltkriegs übrigens. Damals haben die französischen Besatzungstruppen den Teil des Klotzen gesprengt, auf dem die Endbefestigungen des unseligen Westwalls lagen. Dabei ist auch die Felsenkapelle teilweise zerstört worden; erst 1989 konnte sie wieder neu aufgebaut und geweiht werden.

Die Legende von der ursprünglichen Bedeutung des Isteiner Klotzes beginnt schon im frühesten Mittelalter, wohl in der Zeit der alemannischen Landnahme: Da heißt es, daß unter den Nachkommen Adams ein Reich entstanden sei, dessen Mittelpunkt Basel war sowie Istein, wo ein Tempel und ein

Schloß standen. Istein sei mit Basel durch einen Weg unter dem Rhein hindurch verbunden gewesen, der von den Engeln errichtet worden sei. In Istein liege Japhet, der Erbauer von Basel, begraben. Einmal mehr also, wie bei so vielen Burgen und Schlössern im Land, auch hier die Mär von einem unterirdischen Geheimgang, die sich in und um Istein übrigens hartnäckig gehalten hat – hartnäckiger noch als die Erzählung von der Riesenschlange, die in den Weinbergen hauste und eines Tages eine Weingärtnersfrau zu Tode erschreckte, so daß sie sich seitdem nicht mehr traute, ohne Begleitung in die Weinberge zu gehen.

Was natürlich unbedingt noch erzählt werden muß, ist die sagenhafte Geschichte vom Ritter Veit von Istein, also einem Adligen aus dem schon bald im Dunkel der Geschichte verschwundenen Geschlecht derer von Istein. Er war ein sehr guter Ritter und Jägersmann, überdies verlobt mit dem edlen Fräulein Jutta von Sponeck. Bald schon sollte Hochzeit gefeiert werden, doch vorher noch hatte der wackere Recke seine Teilnahme am Turnier des Grafen von Thierstein auf Schloß Angenstein zugesagt. Dort gewann unser tapferer Held mehrere Preise, was für das Ansehen eines Rittermannes ja von ungemeiner Wichtigkeit war – und dort lernte der Treulose unglückseligerweise auch die Grafentochter Berta von Thierstein kennen und lieben. Dem alten Grafen, der zu dem Turnier eingeladen hatte, kam die Liebschaft gar nicht ungelegen; er unterstützte sie nach Kräften, denn so einen Schwiegersohn sah er gern. Daß der »Schwiegersohn« einer anderen bereits die Hochzeit versprochen hatte, wußte allerdings weder der Graf noch seine Tochter.

Jedoch die sitzengelassene Geliebte ahnte Schlimmes und erfuhr auch bald von dem neuen Verhältnis ihres Verlobten. Um sich selbst ein Bild von dem bösen Treiben zu machen, verkleidete sich Jutta von Sponeck als Pilgerin und begegnete am Schloß Angenstein auf der Brücke dem Liebespaar. Vor den Augen der beiden Entsetzten stieß sich die verschmähte

Geliebte einen Dolch in die Brust und stürzte sich in den Fluß, dessen Wasser sich rot vom Blut der Unglücklichen färbte. Da dämmerte es dem Ritter Veit, was er getan hatte, und in seinem Schock machte er sich auf und davon – ohne die neue Geliebte, ohne seine Knappen und selbst (für einen Ritter ungewöhnlich) ohne sein Pferd. Am Rhein in der Nähe von Istein angekommen, ließ er sich mit einer Fähre übersetzen, doch mitten auf dem Fluß tauchte mit einemmal zum Entsetzen des Ritters und seines Fährmanns die tote Jutta von Sponeck aus dem Wasser auf, mit dem Dolch in der Brust, die Kleidung blutgetränkt. Weiter ging die Flucht des unglücklichen Ritters bis zu seiner Heimatburg auf dem Isteiner Klotz. Da entdeckte er wieder die Leiche seiner ehemaligen Geliebten, die vom Strom an den Felsen geschwemmt worden war. In seiner abgrundtiefen Verzweiflung hob Ritter Veit die Tote aus den Fluten und trug sie hinauf zur Burg auf dem Felsen, blickte oben noch einmal um sich auf die Landschaft am Rhein und stürzte sich dann mit der Leiche der Geliebten vom Felsen in den Fluß, wo er ertrank. Tage später fanden Fischer aus dem Dorf die Leichen der beiden und begruben sie am Ufer an der Stelle, an der man sie aus dem Rhein geborgen hatte.

Der Nagel im Schädel

Schauerliches und Romantisches findet sich auf dem alten Friedhof von Freiburg, der mittlerweile zu einem Park umgewandelt worden ist, durch den Tag für Tag Hunderte schlendern, zur Arbeit hasten, zur Schule gehen, in dem viele sich ausruhen, die imposanten alten Grabsteine betrachten und die verwitterten Inschriften zu lesen versuchen.

Direkt vor der alten Friedhofskapelle steht ein großes steinernes Kreuz. An seinem Fundament ist ein ebenfalls steinerner, gräßlicher Totenschädel zu sehen, durch dessen linke Hälfte ein großer Nagel geschlagen ist. Gipfel des abstoßenden Anblicks ist eine dicke, fette Kröte, die unter dem Schädel lauert. Was es damit auf sich hat? Das haben sich Legionen von Friedhofsbesuchern ebenfalls gefragt, und nur wenige wissen, daß es sich dabei um den nicht gerade dezent ausgefallenen Hinweis auf eine schauerliche Tat im 18. Jahrhundert handelt.

Da hat es in Freiburg nämlich einen alten Schmied gegeben, der sich eine viel jüngere Frau zur Gemahlin genommen hatte. Sehr lange scheint die Geschichte nicht gutgegangen zu sein; spätestens von dem Zeitpunkt an, da der alte Schmied einen jungen, kräftigen, attraktiven Schmiedegesellen bei sich beschäftigte, nahm das Unheil seinen Lauf. Die Frau des Meisters und der Geselle fühlten sich zueinander hingezogen und entwickelten bald ein recht inniges Liebesverhältnis, bei dem nur einer störte: der alte Schmied. Also wurde im Lauf der Zeit ein Plan »geschmiedet«, wie man den Alten um die

58

Ecke bringen könne. Eines Nachts, als der Schmied friedlich im Ehebett schlief, wurde der teuflische Plan denn auch ausgeführt: Einen dicken Nagel schlug der Schmiedegeselle seinem Meister vom Auge aus ins Gehirn. Die Folge war der sofortige Tod des alten Schmieds. Eine ansteckende Krankheit habe ihn hinweggerafft, erklärte die »trauernde« Witwe den Nachbarn, und so war es auch kein Wunder, daß die Mitmenschen von einem letzten Blick auf den Toten gerne Abstand nahmen. Der Schmied wurde begraben, und die Witwe samt ihrem Schmiedegesellen hätten unbehelligt die Jahre verbracht, wären da nicht einige Zeit nach dem Mord in Freiburg die Grabstätten knapp geworden. So kam es, daß die Gräber der Verstorbenen schon relativ bald wieder belegt wurden, unter anderen auch das Grab des ermordeten Schmieds. Bei der Exhumierung des Skeletts entdeckte der schockierte Totengräber den noch im Schädel steckenden Nagel und alarmierte die Behörden. Diese wiederum brachten die Mörder zur Strecke und verurteilten die beiden zum Tode.

Ob ein anderer, der auf dem alten Friedhof seine letzte Ruhe gefunden hat, nun auch ein Mörder gewesen ist oder nicht, darüber werden sich die Experten wohl noch bis in alle Ewigkeit streiten. Den Schleier des Geheimnisses über dem Leben des Majors von Hennenhofer wird wohl niemand mehr lüften können. Besagter Major gilt nämlich als der Mörder des legendären Kaspar Hauser, von dem wiederum behauptet wird, er sei der legitime badische Thronfolger Mitte des 19. Jahrhunderts gewesen. Durch eine Intrige war der kleine Erbprinz aus der Wiege verschleppt worden; er galt seitdem als tot oder zumindest als verschollen. Bis 17 Jahre später in Nürnberg ein geistig völlig unterentwickelter, verhaltensgestörter junger Mann auftauchte, von dem es bald darauf hieß, er müsse der legitime badische Thronfolger sein. Die ganze Welt nahm Anteil an seinem Schicksal und war dementsprechend schockiert, als der Junge fünf Jahre nach seiner Entdeckung ermordet aufgefunden wurde. Der auf dem alten Friedhof begrabe-

ne Major von Hennenhofer wurde als Mörder des Kaspar
Hauser beschuldigt; nachweisen freilich konnte ihm schluß-
endlich keiner etwas. Die Gerüchte wollten gleichwohl nicht
verstummen, und so wurde er vom Großherzog Leopold von
Baden (übrigens einem Nutznießer des Mordes: er wäre sonst
nicht an die Regierung gekommen) im Alter von nur 38 Jahren
in den Ruhestand versetzt. Besonders mysteriös an seiner Lebensgeschichte: Als Major von Hennenhofer im Jahr 1850
starb, wurden alle seine Papiere und seine Tagebücher von
Beamten des Großherzogs eingezogen und beschlagnahmt,
was natürlich zur Legendenbildung erst recht beigetragen
hat. Da von Hennenhofers Grabmal ständig mit der Aufschrift
»Mörder« beschmiert wurde, hat man seinen Grabstein
schließlich ganz entfernt – doch ob er der Mörder des Kaspar
Hauser war, dieses Geheimnis hat er auf ewig mit ins Grab
genommen ...

Nach so viel Schauerlichem ist zum Ende des Rundgangs
durch den alten Friedhof noch eine andere Geschichte zu
empfehlen, die gleichfalls ihr Geheimnis birgt: Sie rankt sich
um das Grabmal der Caroline Christine Walter an der Friedhofsmauer. Dieses ungemein plastisch gestaltete, beeindruk-
kende Grabmal zeigt ein junges Mädchen, das gerade eben,
auf dem Rücken liegend, mit einem Buch in der Hand einge-
schlafen zu sein scheint. In das aufgeschlagene steinerne
Buch ist der Satz eingemeißelt: »Es ist bestimmt in Gottes
Rath, daß man vom Liebsten, was man hat, muß scheiden.«
Am Fußende des Grabes ist zu lesen, daß es sich bei dem schönen jungen Mädchen um das Ebenbild der hier begrabenen
Caroline Christine Walter handelt, deren Grabmal von ihrer
einzigen Schwester Selma Schleip, geborene Walter, errichtet
worden sei.

Selma Walter hatte im Jahr 1864 den Konzertmeister Carl
Christoph Schleip geheiratet und ihre kleine Schwester Caroline Christine mit ins Haus gebracht. Im Alter von nur 17 Jahren soll das anmutige Mädchen an Schwindsucht erkrankt

und bald darauf verstorben sein. Den Tod der Geliebten hat ihr Verlobter nur schwer verwinden können, jahrelang, so wird in Freiburg erzählt, habe er seiner Caroline noch tagein, tagaus einen Strauß aufs Grab gelegt, so daß das so plastisch auf dem Grabmal abgebildete Mädchen immer frische Blumen in der Hand zu halten schien. Übrigens hat sich daran bis auf den heutigen Tag nichts geändert – kein Tag vergeht, ohne daß frische Blumen auf dem Grab zu finden sind. Meist brennt zu Füßen der Skulptur sogar noch das ewige Licht.

Wer für die Blumen auf dem Denkmal für das 1867 gestorbene Mädchen sorgt, darüber schweigt man sich in der Freiburger Stadtverwaltung aus. Man wisse es nicht, erfährt der neugierige Frager und wird geheimnisvoll darauf hingewiesen, daß Liebe halt unvergänglich sei, auch über den Tod hinaus. Romeo und Julia auf dem alten Friedhof von Freiburg im Breisgau ...

Das heilige Grab
im Hegau

»Auf unserer Wanderung von Welschingen nach Hilzingen machten wir hier Rast und besichtigten die Heiliggrab Kapelle. Danke o Herr für Wiesen und Wälder, danke o Herr für die Natur, danke für jeden kleinen Grashalm auf der weiten Flur.«

»Herr hilf uns, daß wir es schaffen und laß uns in schweren ausweglosen Situationen daran denken, daß es immer weiter geht und daß wir an Dich glauben.«

»Auf großen Umwegen fuhren wir mit unseren Rädern hierher um wieder einmal Kraft zu schöpfen.«

»Wir danken Dir, daß wir wieder einmal hier sein dürfen.«

Alle diese eindrucksvollen, schlichten Sätzen sind in einem Buch zu finden, das in der Heiliggrabkapelle in der Nähe von Weiterdingen im Hegau aufbewahrt wird, vom »Wächter des Heiligen Grabes«, wie sich Otto Puchstein, der Besitzer des nahegelegenen Kapellenhofs, zurecht nennen darf. Am Fuß des Hohenstoffeln an der alten Römerstraße nach Hilzingen findet sich ein barockes Wallfahrtskirchlein, erbaut in den letzten Jahren des 17. Jahrhunderts vom Freiherrn Karl Balthasar von Hornstein und auf Wunsch des Erbauers Heiliggrabkapelle genannt. Geweiht wurde die Kapelle im Jahr 1723 durch den Bischof von Konstanz, doch ihr Stifter erlebte dieses Datum nicht mehr: Kurz vorher ist er verstorben.

Mit dem Bau dieser Kirche erfüllte der Freiherr zahlreichen Katholiken einen heißersehnten Wunsch – ganz dem Denken der Zeit entsprechend, sollten die Menschen in die Lage versetzt werden, das Grab Christi besuchen zu können, ohne die zu damaligen Zeiten vor allem einfachen Leuten unmögliche Reise nach Jerusalem auf sich nehmen zu müssen. Wie die im Jahr 1555 von den Franziskanern in Jerusalem geschaffene Kapelle sollte das Kirchlein aussehen, der Leidensweg Jesu dokumentiert durch zahlreiche Gemälde, dann die Grablege selbst mit einer beeindruckenden Christusfigur in der Grabnische. Das Kreuz mit den Leidenswaffen, mit Speer, Schwamm, Laterne, Kelch, Zange, Würfel und Dornenkrone, alles wurde so naturgetreu wie möglich nachgebildet. Das Material für die Dornenkrone stammt aus Originaldornen vom Hügel Golgatha, gestiftet von einer Äbtissin des Zisterzienserinnenklosters in Baden-Baden. An der Wand das Schweißtuch und der Rock Jesu, vor dem Grab ein großer Stein: »Denn ein Engel des Herrn stieg vom Himmel herab, trat hinzu, wälzte den Stein weg und setzte sich darauf.«

Die Menschen des 18. Jahrhunderts erlebten in der Heiliggrabkapelle hautnah die biblische Geschichte, konnten im wahrsten Sinne des Wortes begreifen, was sie vom Pfarrer gehört hatten. Immer häufiger wurden aus dem ganzen Hegau Wallfahrten zu dem Kirchlein unternommen, das sich allmählich als Heiligtum in den Herzen der Hegaubewohner verankerte. Und daß der Kapelle nun sogar wundersame Heilungen zugeschrieben wurden, die von den »Wächtern des Heiligen Grabes«, Menschen, die in seiner Nähe wohnten und sich um den Erhalt des Gotteshauses kümmerten, dokumentiert sind, verwundert da nur noch wenig.

So ist die Rede von einer Mutter mit einem todkranken Kind, dem der Arzt nur noch wenige Stunden zu leben gegeben hatte. In ihrer Not, heißt es, zog sie ihrem Kind das Hemd aus und legte das Kleidungsstück ans Heilige Grab, getreu den Worten in der Bibel: »Bringet das Hemd eures Kindes zu mir.« Am nächsten Morgen holte sie es wieder ab, zog es dem Kind an, und der todkranke Sohn gesundete wie durch ein Wunder. Später, als erwachsener Mann, hat er selbst Zeugnis über seine Heilung abgelegt, und seitdem war die Geschichte von der Wunderheilung in aller Munde. Klar, daß immer wieder Menschen von weither pilgerten, die ähnliche Wunder für sich und ihre Angehörigen erhofften. So stark waren die Wallfahrten in der Bevölkerung verankert, daß das Verbot der Gottesdienste Anfang des 19. Jahrhunderts durch den Bistumsverweser in Konstanz wirkungslos blieb. Auch die Wächter des Heiligen Grabes, generationenlang Mitglieder einer einzigen Familie, ließen es sich nicht verbieten, die Kirche weiter zu betreuen und Pilger zu bewirten.

Auch im »Dritten Reich« haben die Machthaber vergeblich versucht, Versammlungen in der Heiliggrabkapelle zu verbieten. Die Frauen, deren Männer im Krieg draußen ihr Leben riskieren mußten, beteten hier für sie – erst wenige, dann immer mehr, bis konspirative Treffen hinter den Gebetsversammlungen vermutet wurden. Eines Nachts schließlich drangen die nationalsozialistischen Schergen in die Kapelle ein, vertrieben die Menschen und warfen die Figur des im Grab liegenden Christus aus dem Kapellenfenster. Die barbarische Tat freilich schadete dem hölzernen Christus kaum, nur ein Finger seiner Hand war abgebrochen, und bald lag er wieder heil an seiner angestammten Stelle.

Noch heute kommen viele Menschen, vor allem Jugendliche und Frauen, hierher in die Kapelle und treffen Otto Puchstein, den Mann, der nun seit über dreißig Jahren als Wächter des Heiligen Grabes fungiert. Er ist zwar ein Laie, kein Priester, aber ein Mensch, der sich Zeit nimmt – Zeit für diejenigen, die zu ihm kommen, Zeit für die weitere schrittweise Renovierung der Kapelle, Zeit zum Zuhören, Zeit, die heutzutage fast niemand mehr hat. Und wahrscheinlich ist es genau das, was bisher noch jeden Besucher beeindruckt hat. Der eine oder andere schreibt seine Eindrücke nieder, in das Buch in der Heiliggrabkapelle am Fuß des Hohenstoffeln, benommen von dem eben Gesehenen, dem Unvermuteten, dem Faszinierenden, eingebettet in eine herrliche Landschaft ringsum.

Die versteckte
Eichenkiste

Es war wirklich ein Glück, als sich Anfang der siebziger Jahre abzeichnete, daß die alte Gottesackerkirche von Irrendorf in ihrer jetzigen Form nicht als Leichenhalle geeignet war. Umbau und Sanierung der alten Kirche oder aber Neubau einer Leichenhalle auf dem Friedhof standen zur Entscheidung an – Grund genug, ein so heikles Thema in einer Bürgerversammlung zur Diskussion und Abstimmung zu stellen. Bürgermeister und Pfarrer favorisierten den Umbau, doch eine starke Fraktion in der Bürgerschaft wollte den Neubau. Mit 111 zu 72 Stimmen plädierten die Irrendorfer schließlich für Sanierung und Umbau ihrer alten Kirche.

Bereits im Jahr 1971 konnten die Bauarbeiten aufgenommen werden, und als im Oktober die Anbringung des Innenputzes anstand, wofür zunächst der alte Putz entfernt werden mußte, schlug für das Dorf auf dem Heuberg eine historische Stunde. Am 14. Oktober bemerkte der Gipser Helmut Reitze bei seiner Arbeit im Turm eine hohle Stelle. Bei weiterem Nachforschen entpuppte sich die Höhlung als großes Loch in der Turmwand, in dem eine Eichenkiste versteckt war. Als die Kiste geöffnet wurde, kam ein großer gläserner Kasten zum Vorschein, ringsum mit Blei verlötet. Spätestens jetzt wurde es Zeit, den Bürgermeister zu alarmieren, der sogleich an den Ort der Entdeckung eilte. Gemeinsam machte man sich nun daran, den Inhalt des gläsernen Behälters zu sichten. Dabei kam eine ganze Reihe von alten Urkunden zu Tage samt einem Begleitschreiben des Bürgermeisters Joseph Alber vom 3. Juli 1793 – und das

Sensationelle daran: In sämtlichen Schriftstücken war von Irndorf, nicht von Irrendorf die Rede!

In aller Eile, erklärte der damalige Bürgermeister in seinem Brief, wolle er an diesem Tag die Urkunden im Kirchturm einmauern, weil die Franzosen gegen das Dorf vorrückten. Es war die Zeit der napoleonischen Kriege, in der es auch in der Gegend um Irndorf immer wieder zu Gefechten zwischen französischen und österreichischen Truppen kam. Gerade ein dreiviertel Jahr zuvor hatten die Franzosen den größten Teil von Irndorf in Schutt und Asche gelegt, aus Rache für die Gefangennahme ihres Generals Vauban und – wie die Chronik allerdings nicht mehr wissen will – als Vergeltung dafür, daß die Irndorfer im nationalen Überschwang aufgrund einer gewonnenen Schlacht einen französischen Soldaten kurzerhand vom Leben zum Tod befördert hatten. Bevor nun die alten Urkunden den Franzosen in die Hände fielen oder in Flammen aufgingen, wollte der Bürgermeister diese lieber in der Kirche in Sicherheit wissen. Die Gemeinde, so schreibt er, sei schon (vermutlich aus Angst und Panik) vollkommen zerstreut, und es sei nicht mehr möglich, sie vor der Einmauerung der Dokumente noch einmal zusammenzubringen.

Zwar ließen die Franzosen das Dorf schließlich doch in Frieden, aber die Zeiten waren unruhige, was den Bürgermeister wohl dazu bewogen hat, die Urkunden in der Sicherheit ihres Verstecks im Kirchturm zu belassen. Das Geheimnis über den Verbleib der alten Dokumente nahm er schließlich mit ins Grab, und damit waren »der alte Verdrag« und andere Dokumente aus dem Zeitraum von 1618 bis 1796, die Grenzziehungen und Frondienste betrafen, unauffindbar verschwunden.

Wenige Jahre nach der Einmauerung der Irndorfer Urkunden dann geschah das für die weitere Geschichte von Irndorf so Ärgerliche, aber scheinbar Unumstößliche: Im Jahr 1804 nämlich verdrehte ein hohenzollerischer Beamter den Gemeindenamen völlig willkürlich von Irndorf in Irrendorf. Dies hatte seinen Grund in der Widerspenstigkeit der Irndorfer, die jahrhundertelang mit Adel, Klöstern und Nachbargemeinden um Grenzen, Frondienste und Abgaben stritten, ja sogar den Frondienst oftmals ganz verweigerten, weil sie sich beharrlich auf ihre alten – von den Herrschaften freilich bestrittenen – Rechte beriefen. Das Dorf gehörte zum Gebiet der Herren von Enzberg, und als deren Besitz nun unter die Kontrolle hohenzollerischer Beamter kam (der Zwergstaat Hohenzollern-Sigmaringen blieb ja im Gegensatz zu den anderen Kleinstherrschaften durch eine besondere Gunst Napoleons selbständig und konnte sich sogar noch andere Gebiete einverleiben), gingen die Streitereien nahtlos weiter. Ob es aus Ärger, Unwissenheit oder durch einen Schreibfehler passierte – schließlich ist in alten Urkunden auch von Urendorf die Rede –: Der Beamte schrieb den Namen Irrendorf aufs Papier, und mit diesem Dorfnamen mußten sich die armen Heubergbewohner von nun ab zähneknirschend zufriedengeben.

Ausgemacht habe es aber niemandem etwas, schreibt die Dorfchronik an dieser Stelle etwas unglaubwürdig, zwar sei man immer wieder von den übelwollenden Nachbarn verspottet worden, aber man habe die Hänseleien wirkungslos an sich abprallen lassen. Diese Aussage allerdings steht in deutlichem Gegensatz zur Eile, die die Irrendorfer nach der Entdeckung der alten Urkunden an den Tag legten: In den Archiven wurde nun geforscht und nach Belegen für die Echtheit des alten Ortsnamens gesucht. Die Sucher wurden fündig, vor dem Jahr 1804 hatte das Dorf tatsächlich Irndorf geheißen, und so berief Bürgermeister Herbert Fußnegger im März 1972 wiederum eine Bürgerversammlung ein, in der auf seinen Antrag hin die Abänderung des Ortsnamens in Irndorf beschlossen werden sollte. Mit der überwältigenden Mehrheit von 119 zu 8 Stimmen wurde der Antrag angenommen, sofort danach im Stuttgarter Innenministerium die Genehmigung für die Namensänderung beantragt, und diese wurde tatsächlich bereits am 19. April desselben Jahres erteilt. (Welcher Kenner der Landesverwaltung staunt nicht über die Schnelligkeit, mit der das Ministerium in diesem Fall reagieren konnte?)

Im August 1972 feierten die wieder zurückbenannten Irndorfer ein großes Heimatfest, zu dem eigens der damalige Innenminister erschien. 168 Jahre Hohn und Spott waren vergessen, das Dorf hatte seinen richtigen Namen wieder – dank der alten Urkunden im Turm der Gottesackerkirche, die seit dieser Zeit von manchem Bürger hier oben mit ganz anderen Augen betrachtet wird.

Überzwerche Burgherren

»Ich hab gebaut nach meinem Sinn, drum Leser geh nur immer hin. Wem die Bauart nicht gefällt, bau es besser für sein Geld.« Der diesen Spruch an der Burg Rodeck angebracht hat, muß ein ganz schön querköpfiger Zeitgenosse gewesen sein. Friedrich Schliephacke hieß er, ein Obergerichtsrat außer Dienst. In der zweiten Hälfte des 19. Jahrhunderts hatte er die Burg gekauft und sie dann zum Schloß umbauen lassen. Viele Bürger aus Kappelrodeck fanden die neoklassizistische Neugestaltung überhaupt nicht gelungen und sprachen von einer Verschandelung des altehrwürdigen Gemäuers und auch von einer Zerstörung des Landschaftsbilds, das man in der alten Form seit Jahrhunderten gekannt habe. Doch der Obergerichtsrat blieb hart und vollendete das Werk nach seinen Plänen. Wem's immer noch nicht paßte, der wurde mit dem oben zitierten Spruch in die Schranken verwiesen.

Vermutlich ohne es zu wollen, hat sich der überzwerche Neuerbauer mit seiner Dickschädeligkeit nahtlos in die Familientradition derer von Rodeck eingereiht, denn unruhige Geister und streitsüchtige Querköpfe hat es unter den Bewohnern der Burg immer gegeben. Schon die Beschreibung des Wappens Anfang des 13. Jahrhunderts verwendet – freilich noch in anderer Bedeutung, aber immerhin – die Bezeichnung: »In rot ein *überzwerch* rechts liegender, rechts sehender, das ganz Feld ausfüllender silberner, goldbewehrter Adler ...«

Der sicherlich streitbarste Vertreter der Herren von Rodeck war zweifellos ein Tunichtgut mit Namen Arbogast Röder, der

Ende des 14. Jahrhunderts sein Unwesen trieb. Ein Raubritter von altem Schrot und Korn scheint er gewesen zu sein, zahlreiche Husarenstreiche von ihm sind bis auf den heutigen Tag bekannt. Da ist die Geschichte vom Überfall auf den Grafen von Blankenhorn, den er eines schönen Tages ohne besonderen Anlaß mit einem Kumpanen und einigen bewaffneten Helfern in dessen Territorium vor den Augen der verdutzten Untergebenen des Grafen kidnappte. Als der so Gefangene in einem sicheren Versteck untergebracht war, forderte Arbogast Lösegeld von der Grafenfamilie, die sich in ihrer Not an die Stadt Straßburg und den dortigen Bischof wandte. Durch deren Vermittlung kam der gefangene Graf nach einigem Hin und Her zwar wieder frei, doch hatte seine Familie vorher die stolze Summe von 5000 Gulden an den Strauchdieb abzuliefern.

Ohne jegliche Folgen – man glaubt es kaum – scheint die Tat für Arbogast Röder verlaufen zu sein, im Gegenteil: Er hatte seinen Ruf als unerschrockener Recke begründet. Es geht die Legende, daß man ihn deshalb auch als einen der Anführer beim Überfall auf den württembergischen Grafen Eberhard in Wildbad gewonnen habe. Dieser Überfall freilich wurde gerade noch rechtzeitig vereitelt. Dagegen waren der Kaiser und die Stadt Straßburg nun einig darüber, daß dem Unhold endlich das Handwerk gelegt werden müsse.

Doch bevor noch empfindliche Sanktionen greifen konnten, kam wiederum Arbogast zum Zug. Zu jener Zeit nämlich stritten sich die Herren von Ochsenstein und die Herren von Kyburg um die Nachfolge auf dem Stuhl des Bischofs von Straßburg. Da Kyburg im Lauf des Wettbewerbs allmählich seine Chancen schwinden sah, wandte er sich mit der Bitte um Unterstützung an den berüchtigten Ritter von Rodeck. Da war der Herr von Kyburg an den richtigen geraten. Mit einigen Dutzend Helfershelfern drang Arbogast Röder im Dezember 1370 in Straßburg ein, machte den Herrn von Ochsenstein ausfindig, entführte ihn und warf ihn in den Kerker der Burg Windeck – so einfach ging das. Der Bruch des Landfriedens und die gewaltsame Gefangennahme des Ochsensteiners führte zu einer enormen Unruhe unter den Straßburger Bürgern, die nun der Meinung waren, das Maß sei voll. Und so zog die Straßburger Bürgerwehr vor die Tore der Burg Windeck, um sie zu erobern und den Gefangenen zu befreien – was freilich nicht gelang. Aus Wut über das Scheitern des Befreiungsversuchs verwüsteten die Straßburger jedoch auf ihrem Rückzug das Gebiet und die Besitzungen des Ritters von Rodeck sowie die seines Kumpanen von der Windeck.

Kurzerhand drehten die beiden daraufhin den Spieß um und setzten ihrerseits den roten Hahn auf so manche Besitzung der Straßburger Bürgerschaft. Nach langen Streitereien, bei denen im Lauf der Zeit immer deutlicher wurde, daß keine der beiden Seiten würde gewinnen können – im Gegenteil, die materiellen Verluste drohten sich ins Uferlose zu steigern –, wurde Frieden geschlossen zwischen Straßburg und den räuberischen Gesellen. Und der gefangene Herr von Ochsenstein, um dessen Befreiung es ja im Grunde gegangen war? Der mußte zum guten Schluß 4000 Gulden Lösegeld für seine Freilassung bezahlen sowie die gleichfalls happige Summe von 60 Pfund Pfennig für die Tatsache, daß man ihn während seiner Gefangenschaft verköstigt hatte.

Ein wahrhaft wackerer Menschenschlag scheint hier also – zumindest in früheren Zeiten – gehaust zu haben. Und was den unbeugsamen Willen angeht, so mochten die Einwohner des Dorfes Kappelrodeck den Herren auf der Burg nicht nachstehen. Beispielsweise im 18. Jahrhundert, als der Bischof von Straßburg zum wiederholten Mal, in diesem Fall aber drastisch, die von alters überlieferten Jagdrechte der Bauern einschränkte. Daß man sich diese Einschränkung der verbrieften Rechte nicht gefallen lassen werde, stand für die Einwohner von Kappel und Waldulm vom Zeitpunkt der Verkündung des Verbots an fest. »Ungeachtet solchen Verbotes stellten die Kappeler und Waldulmer ein allgemeines Jagen an«, berichtet die Chronik und schildert weiter, daß daraufhin der bischöfli-

che Beamte in Renchen einen der angesehensten Bürger von Kappel, »der Krumholz genannt«, verhaften, nach Oberkirch abführen und in Eisen schlagen ließ.

Der rigorose Beamte hatte sich aber getäuscht, wenn er geglaubt hatte, daß durch dieses harte Durchgreifen nunmehr Ruhe in den Dörfern einkehren würde – das Gegenteil war der Fall. »Nicht ohne Ratgeber«, so vermutet die Chronik, hätten sich nun die Kappler und Waldulmer Weiber zusammengetan und verabredet, den Krumholz aus dem Turm in Oberkirch zu befreien. In der Nacht vom 5. auf den 6. März 1777 sollen sich nahezu 400 Bürgersfrauen und Mägde zusammengerottet haben, bewaffnet mit Säbeln, Eisengabeln, Äxten, Pistolen und allerlei Werkzeugen zum Hauen und Stechen. In aller Stille seien sie vor das Obertor nach Oberkirch gezogen, wo ihnen vermutlich eine Komplizin um drei Uhr in der Nacht das Tor heimlich und leise öffnete. Kaum in die Stadt eingedrungen, wurden der Nachtwächter und ein Polizist von den Weibern gefangengenommen und in der Wachstube festgesetzt, alle Stadttore bewacht, daß keiner mehr aus- und eingehen konnte, und dreißig Frauen zogen zum Amtsschultheißen, um ihn in seinem Haus einzusperren. Im Gefängnis schließlich, so die Chronik, hätten sich die Weiber gar nicht lange mit der Schlüsselsuche aufgehalten, sondern alle Türen und Schlösser aufgesprengt, den Krumholz gefunden, »ein starkes Weib nahm ihn auf den Rücken, trug ihn die Stiege hinunter und setzte ihn in Freiheit«. Bereits um sechs Uhr morgens war die unblutige Besetzung von Oberkirch wieder zu Ende, die weiblichen Truppen verließen die Stadt und zogen mit dem befreiten Krumholz heim nach Kappel und Waldulm.

Die Obrigkeit tat gut daran, die nächtliche Eroberung nicht groß zu bestrafen. Krumholz selbst wurde zwar zu drei Monaten Zuchthaus ob seiner Anführerschaft bei der Jagd der Bauern verurteilt, durfte jedoch all seine Ämter behalten und wohnte weiter als hochangesehener Mann in Kappel am Fuß der Burg Rodeck.

Ein überirdischer Retter

Ausgerechnet einer, der französisch sprach, hat hoch droben in Kolbingen auf dem rauhen Heuberg von der Kanzel gepredigt und wird seit Anfang des 19. Jahrhunderts von den Kolbingern verehrt. Eine Gedenktafel für ihren Priester, den »Retter von Kolbingen«, haben sie in der Kirche aufgehängt, und die Verehrung für Pfarrer Jean-Pierre Blanchard scheint in den letzten Jahren sogar immer mehr zu steigen. Regelmäßig wallfahren Kolbinger Bürger an das Grab des Priesters nach Soyhieres im Schweizer Jura.

Geboren wurde er in ärmlichen Verhältnissen im Jahr 1762; ein Dorf namens Underverlier war seine Heimat. Schon bald war es für den Bauernsohn klar, daß er Pfarrer werden wollte, und es wird von ihm erzählt, daß er sich mit ungewöhnlichem Ernst und Eifer an sein Studium gemacht habe. Geweiht wurde der junge Priester im Jahr 1787 vom vorletzten Bischof von Basel, von Joseph Sigismond von Roggenbach, doch wenig später brach die Französische Revolution auch über seine Heimat herein: Französische Truppen besetzten das Gebiet, Pfarrer Blanchard floh, wie viele andere Priester auch, über die Grenze, wo er zunächst in Mühlheim an der Donau vom Freiherrn von Enzberg aufgenommen wurde. Später ging es einige Kilometer donauabwärts zum Fürsten von Werenwag, wo der Gottesdiener seine Deutschkenntnisse allmählich bis zur Perfektion vervollständigte.

Schließlich wurde ihm die Pfarrei von Kolbingen auf dem Heuberg anvertraut. Sicherlich sind sie ihm zu Beginn seiner

Tätigkeit mit Mißtrauen begegnet, die Kolbinger, diesem kleinen, mageren, bleichen Priester namens Blanchard. Wie um Himmels Willen sollte denn ein Kolbinger diesen Namen aussprechen? Blankardli haben sie ihn später genannt, den Kleinen halt, der ihnen im Lauf der Zeit so ans Herz gewachsen ist, der nur einen einzigen Fehler hatte, nämlich den, daß er für den Geschmack der Gottesdienstbesucher viel zu lange predigte. So heißt es von ihm: »Wenn der Pfarrer auf der Kanzel war, wollte er nicht mehr herunter. Seine Predigten waren häufig und elend lang. Aber außerhalb der Kanzel war er so wortkarg wie nur möglich.« Wie ein Asket scheint er gelebt zu haben. Nur ein Licht im Pfarrhaus mußte die ganze Nacht über brennen. Eines Tages von einer Bäuerin danach befragt, meinte er als Antwort nur: »Um hell zu haben.«

Überaus erfolgreich scheint er in der Wallfahrtskirche auf dem nahegelegenen Welschenberg gepredigt zu haben. Solche Anziehungskraft übten Blanchards Predigten auf die Gläubigen aus, daß es bei den Pfarrern der Umgebung zu Protesten kam, denn ihre Kirchen blieben wegen der Konkurrenz auf dem Welschenberg fast leer. Auch nach der offiziellen Abschaffung der Wallfahrt predigte Blanchard weiter auf dem Welschenberg und pilgerten die Leute zu ihm. Was tat nun die Obrigkeit, um der unliebsam gewordenen Konkurrenz Einhalt zu gebieten? Sie ordnete kurzerhand den Abbruch der Wallfahrtskirche an und verteilte die Einrichtungsgegenstände an die Pfarreien der Umgebung. Auch die Kolbinger Kirche hätte davon profitiert, doch Pfarrer Blanchard wies die Geschenke (sehr zum Ärger seiner sparsamen Gemeindemitglieder) entrüstet zurück und bezeichnete das Vorgehen der Obrigkeit als Diebstahl und Frevel. Daß er dies in aller Öffentlichkeit ungestraft tun konnte, dürfte um 1810 schon seinem Ruf als unerschütterlichem Diener Gottes und seiner starken Ausstrahlung zu verdanken gewesen sein. Selbst der – protestantische – König von Württemberg war bei einem Besuch auf dem Heuberg vom Kolbinger Pfarrer tief beeindruckt, führte ein langes Gespräch mit ihm und meinte am Ende seines Besuches, daß er bislang nur einem wirklichen katholischen Pfarrer begegnet sei, eben dem Pfarrer Blanchard.

Nun aber zu der Geschichte, die diesen Mann als »Retter von Kolbingen« in die Dorfchronik hat eingehen lassen. Während der napoleonischen Kriege fand ein paar Kilometer weiter bei Liptingen eine Schlacht statt, aus der die Österreicher als Sieger über die Franzosen hervorgingen. Die Einwohner des Nachbardorfs Irrendorf waren ob des Sieges derart aus dem Häuschen, daß sie in ihrem Überschwang einem Soldaten der französischen Armee auflauerten, ihn gefangennahmen und töteten. Als dies nun die Franzosen vernahmen, die eine Schlacht, aber noch lange nicht den ganzen Krieg verloren hatten, beschloß die Truppe, den toten Kameraden zu rächen. Irrendorf wurde gestürmt und in Schutt und Asche gelegt.

Schon einmal bei der Sache, wandten sich die Franzosen nun dem nächsten Dorf, Kolbingen, zu, dessen Einwohner sich im Wald verschanzten und einige Gewehrschüsse (die glücklicherweise niemanden verletzten) auf die französischen Soldaten abfeuerten. Die Franzosen, nun erst recht in Rage gekommen, beschlossen, kurzen Prozeß zu machen, doch nun schlug die Stunde von Jean-Pierre Blanchard: An der Spitze seiner Gemeindeglieder kam er den Franzosen entgegen, warf sich vor die Füße des französischen Befehlshabers und flehte in französischer Sprache um Gnade für seine Gemeinde. Da geschah das Wunder von Kolbingen: Gerührt durch die Geste des in seiner Muttersprache bittenden Pfarrers ließ der Major von seinem Vorhaben ab, verlangte lediglich ein paar Stück Vieh als Entschädigung und zog danach mit seinen Soldaten weiter. Der Pfarrer war für die Kolbinger aber fortan nicht mehr nur Seelsorger, sondern fast schon ein Heiliger.

Kurz nach Napoleons Ende, im Jahr 1816, riefen ihn seine Landsleute zurück in den Jura, wo er, der Kolbinger Pfarrer, zunächst die einfache Stelle eines Vikars annahm. Tiefgerührt und tränenreich nahmen die Kolbinger von ihm Abschied, im

Gegensatz zu Blanchard selbst, der – typisch für ihn – nur meinte, der Weinberg des Herrn umfasse schließlich die ganze Erde. Eine ebenfalls für ihn typische Szene trug sich dann in seiner Pfarrei Soyhieres an der deutsch-französischen Sprachgrenze zu. Nach dem eigentlichen französischen Gottesdienst predigte der Pfarrer dort für die wenigen deutschsprachigen Gemeindemitglieder noch auf Deutsch. Eines Tages, so erzählt man, sei »in der Kirche nur eine einzige Frau geblieben, um der Predigt zuzuhören, und er predigte mit demselben Feuer, als wenn er vor zahlreichen Zuhörern sprach. Der Mesner verlor die Geduld, näherte sich vorsichtig dem Prediger und flüsterte ihm zu, daß er die Sakristei selbst schließen solle. Doch Blanchard ließ sich nicht beirren und predigte noch eine halbe Stunde lang weiter.« Später gefragt, warum er dies für eine einzige Zuhörerin gemacht habe, antwortete er mit einer Gegenfrage: »Wenn Sie nur ein Schaf hätten, würden Sie ihm nichts zu essen geben?«

Am 21. November 1824 starb Jean-Pierre Blanchard, der Retter von Kolbingen, in Soyhieres – zu früh, um noch vom ans Sterbebett eilenden Dekan die Sakramente empfangen zu können. »Das ist ein Heiliger«, erklärte der wenig später eintreffende Dekan, »er brauchte meinen Beistand nicht.«

Jahrzehntelang pilgerten die Gläubigen ans Grab des als Heiligen verehrten Priesters. Zahlreiche Wunderheilungen an seinem Grab, von denen man erzählte, machten die Wallfahrt populär. So wurde im Vatikan ein Heiligsprechungsprozeß eingeleitet, der jedoch im Lauf der Jahrzehnte nicht weitergeführt wurde. Auch die Wallfahrt geriet in Vergessenheit. In den letzten Jahren allerdings scheinen sich die Dinge wieder zu wandeln: Die Wallfahrt kommt (auch von Kolbingen aus) wieder in Schwung, und die Anzeichen mehren sich, daß auch der Heiligsprechungsprozeß wieder aufgenommen werden soll, in dem das »heiligmäßige« Leben eines Menschen gewürdigt wird, der 13 Jahre in Kolbingen auf dem rauhen Heuberg gewirkt hat.

Erinnerung an ein
»thraenenreiches« Jahr

Erst im Jahr 1989 hat man es nach langer Suche wiedergefunden: das »Kaiserin-Augusta-Kreuz« von Allmannsdorf am Bodensee, im Volksmund dort »'s Auguschtekrüz« genannt. Es stand dereinst auf der Allmannshöhe in Nähe des Friedhofs, und von seinem Fuß hatte man einen wunderschönen Blick zur nahen Insel Mainau, über den Bodensee nach Überlingen, der Birnau, Meersburg.

14 Meter hoch ragte das Denkmal aus Sandstein in den Himmel, an seiner Spitze gekrönt von einem neogotischen Kreuz. Besonders sehenswert waren die in den Sandstein gefrästen Ornamente, die Schnörkel und Türmchen, ganz im Stil der damaligen Zeit. »Dieses Kreuz stiftete Kaiserin Augusta«, lesen wir am Sockel.

Um zu verstehen, warum ausgerechnet hier in Allmannsdorf am Bodensee eine Kaiserin ein solches Denkmal errichten ließ (das heißt, die Kaiserin hatte eigentlich noch größeres im Sinn, worauf wir noch zu sprechen kommen), bedarf es einer kurzen Rückblende. Fürst Otto von Bismarck hatte nach dem Sieg gegen die Franzosen im Jahr 1871 für die Gründung des zweiten deutschen Kaiserreiches gesorgt, indem er dem vierundsiebzigjährigen preußischen König im Spiegelsaal von Versailles die Kaiserkrone aufsetzen und das deutsche Kaiserreich proklamieren ließ. Die Krönung Wilhelms I., damals ein Akt der Demütigung für die Franzosen, die all dies ohnmächtig über sich ergehen lassen mußten, führte ja, wie wir heute wissen, schnurstracks zum Ausbruch des Ersten

Weltkriegs 43 Jahre später unter dem Enkel des in Versailles zum Kaiser Erhobenen, unter Wilhelm II.

Mit der Kaiserkrönung ihres Gemahls wurde auch die preußische Königin Augusta zur deutschen Kaiserin. Eine ihrer Töchter nun war verheiratet mit dem badischen Großherzog Friedrich I., mit dem sie die Insel Mainau (die damals noch eine richtige Insel war) bewohnte. Oft kam die Kaiserin hierher zu Besuch, und sehr scheint sie die Reize der Bodenseelandschaft genossen zu haben, gerade auch die Allmannshöhe mit ihrer herrlichen Aussicht auf den See und die Insel.

Doch dann kam das Schicksalsjahr 1888, das als »Dreikaiserjahr« in die Geschichte eingegangen ist. Am 9. März starb im Alter von 91 Jahren der Kaiser; den Thron bestieg der schon vom Tod gezeichnete, unheilbar an Kehlkopfkrebs erkrankte Sohn des Kaiserpaares, Friedrich III. Ganze 99 Tage blieben ihm als Regierungszeit, bis er am 15. Juni starb. Sein ältester Sohn, der Enkel der Kaiserin, wurde nun als Wilhelm II. als nächster und auch letzter deutscher Kaiser gekrönt. – Auch auf der Mainau hatte ein Todesfall in diesem Jahr großes Leid verursacht: Im Alter von nur 23 Jahren war der zweite Sohn des Großherzogs und seiner Frau (also ebenfalls ein Enkel der Kaiserin), Prinz Ludwig Wilhelm, gestorben.

Zum Andenken an dieses schlimme Jahr und zum Gedenken der Verstorbenen wollte nun Augusta an ihrem Lieblingsplatz auf der Allmannshöhe eine Kapelle errichten lassen. Doch im Jahr 1890, noch bevor die Pläne in die Tat umgesetzt werden konnten, verstarb auch die Kaiserin. Der Betrag, den sie für den Bau der Kapelle hinterlassen hatte, erwies sich als zu gering, um ans Werk gehen zu können, und so beschlossen ihre Kinder, mit dem Geld anstelle der Kapelle das 14 Meter hohe Sandsteinkreuz zu errichten, »zur Erinnerung an das thraenenreiche Jahr 1888«, wie es im Sockel eingemeißelt ist.

75 Jahre lang stand das Kreuz hier oben, Wind und Wetter schutzlos ausgesetzt und nach dem Sturz der Monarchie nicht mehr gepflegt: Die Menschen hatten andere Sorgen, erst recht

in den Jahren nach dem Zweiten Weltkrieg. Dann kam die Zeit des Baubooms, wurden gigantische Wohnbaupläne entwickelt, und die Stadt Konstanz erwarb das Gelände auf der Allmannshöhe vom Mainaugrafen Lennart Bernadotte, um hier oben ein Baugebiet auszuweisen. Der Graf, dem an der Erhaltung des Denkmals zu jener Zeit nicht sehr gelegen schien, versuchte noch, das Kreuz der Stadt Konstanz kostenlos zu übereignen, doch die Konstanzer winkten dankend ab: Sie wollten das »alte Glump« nicht haben. So wurde es im Jahr 1965 schließlich Stück für Stück abgebaut und als Schutt am Bodenseeufer in ein Auffüllgelände gekippt.

Hier lagerte es mehr als zwanzig Jahre lang, allmählich vergessen von den Menschen, die es einst bewundert hatten. Bis zum Jahr 1989. Da hatte es eine Bürgerinitiative tatsächlich geschafft, in mühevoller Spurensuche den Platz ausfindig zu machen, wo die Teile des Augustakreuzes weggekippt worden waren, in einem Schilfbiotop (damals, 1965, wurde sowas noch wesentlich unfeiner als Sumpf bezeichnet – so ändern sich Zeiten und Einstellungen!).

Die Bergung war nicht einfach, und den Zustand des Denkmals kann man sich leicht vorstellen. Die Renovierungskosten sind immens. Doch eines Tages wird es wieder stehen, das Augustakreuz, während das gigantische Satellitenstadtprojekt, dessentwegen es im Jahr 1965 hatte weichen müssen, noch immer nicht verwirklicht ist – und wohl auch nicht mehr werden wird, denn wie gesagt: die Zeiten haben sich geändert ...

Der mutige Prediger

Der Zustand der Kirche sei ein unmöglicher. Der Dekan des Landkapitels Meßkirch empfiehlt im Jahr 1802 nach einer »Lokalvisitation« dem Bistum Konstanz dringend den Neubau der Gögginger Kirche. Doch wie sollte in diesen schwierigen Zeiten der napoleonischen Kriege, der Hungersnöte und rechtlichen Unsicherheiten ausgerechnet Geld für einen Kirchenbau im hintersten badischen Winkel vorhanden sein, zumal durch die Säkularisation und die Neueinteilung der deutschen Landkarte mit einemmal nicht mehr das Kloster Wald, sondern das Fürstentum Hohenzollern-Sigmaringen Zehntherr von Göggingen war? Überdies verweigerte die Verwaltung der Besitztümer des Fürsten von Fürstenberg einen Zuschuß zum Kirchenbau, der nur recht und billig gewesen wäre, da Fürstenberg schließlich aus alten Rechten Abgaben von der Pfarrei kassierte.

Daß es im Jahr 1805 (eine Jahreszahl, die stolz auf dem Eingang der heute fast ganz hinter der Brauerei versteckten Kirche prangt) doch zum Neubau gekommen ist, verdanken die Gögginger ganz allein einem ungemein umtriebigen, energischen und reformfreudigen Pfarrer, Josef Willibald Straßer, geboren im Jahr 1769 in Wolfach im Kinzigtal, der später noch in weit größerem Stil von Göggingen aus Kirchengeschichte machen sollte. Straßer war, nachdem er's als Hofkaplan am fürstenbergischen Hof zu Donaueschingen nur einige Wochen ausgehalten hatte, im Jahr 1804 nach Göggingen gekommen. Der Zustand seiner Kirche ließ ihm keine Ruhe, und umtriebig, wie er war, erreichte er – Notzeiten hin oder her – schon ein Jahr später den Abbruch der alten Kirche und den Beginn der Bauarbeiten. Weil dann im Jahr 1807 wirklich kein Pfennig mehr für den weiteren Innenausbau vorhanden war, andererseits aber eine katholische Kirche schlecht ohne Beichtstühle und Altäre auskommen kann, griff der engagierte Gottesmann selbst in die Tasche und spendierte seinen Göggingern gleich drei Altäre samt einigen Beichtstühlen.

Daß auch die Gögginger Schule in diesen schweren Zeiten einen elenden Eindruck machte, liegt auf der Hand: Kein Mensch hatte mehr Lust und Motivation, seine Kinder in die Schule zu schicken, solange man nicht wußte, zu wessen Gunsten sich das Blatt wenden würde. Schon im Jahr 1802 meldet der Schulvisitator aus Göggingen: »Schüler kommen unfleißig in die Schul, die Schule ist nicht im besten Stande.« Ein Jahr später wird die Haltung der Eltern angeprangert, denen es offenbar egal sei, ob ihre Kinder in die Schule kämen oder nicht. Die Gemeinde Göggingen wird auf Veranlassung des Donaueschinger Schuldirektors oberamtlich verwarnt, was freilich auch nichts nützt. Die Obrigkeit hat schließlich einen Großteil ihres Einflusses verloren, ist mit ihren eigenen Interessen und dem Kampf gegen Napoleon beschäftigt.

Doch ab dem Jahr 1804 ändern sich die Verhältnisse schlagartig: Der neue Pfarrer fährt wie der Leibhaftige in die verlotterte Dorfschule und macht sie binnen weniger Monate zur Musterschule, zum Vorzeigeobjekt für die ganze Umgebung.

Aber die Wiederherstellung der schulischen Zucht und Disziplin haben ihn offenbar genausowenig ausgelastet wie der Bau der Kirche. So hat Pfarrer Straßer schon im Juli 1804, kaum ein halbes Jahr im Amt, das Vaterunser nicht mehr auf lateinisch, sondern auf deutsch gebetet. Das war für damalige Verhältnisse wirklich eine Revolution im Kirchenbereich. Seit Jahren bereits stritten sich die Kirchengelehrten um das Für und Wider deutscher Predigten und deutschsprachiger Meßliturgien. Pfarrer Straßer stritt nicht mit, er machte es einfach.

In einem Brief an seinen Vorgesetzten, den Konstanzer Bistumsverweser Ignaz von Wessenberg, einem ebenfalls sehr fortschrittlich denkenden Mann, der ihm durchaus freundlich gesonnen war, begründet Straßer seinen Schritt mit dem Versuch, »Priester und Volk ... in gottesdienstähnliche Vereinigung zu bringen«. Wer habe denn von der Kirchengemeinde bisher die Handlungen des Priesters verstehen können? Sei die Gemeinde nicht in der Kirche ohne jede Unterstützung und Erklärung mit den lateinischen Texten völlig alleingelassen worden? Hätten die Gemeindeglieder nicht allerhöchstens zu Hause in der (deutsch übersetzten) Bibel Anregung und Erbauung finden können, sofern sie des Lesens und Schreibens überhaupt kundig waren?

Doch Straßer ging noch einen Schritt weiter. Nicht nur, daß er teilweise oder ganz auf deutsch betete, nein, er erläuterte den Gottesdienstbesuchern sogar während der Meßfeier Sinn und Zweck seiner Handlungen. So kündigte er beispielsweise im Jahr 1805 für den 15. Sonntag nach Pfingsten an: »Nach der Christenlehre, die um 12 Uhr ist, findet die Taufe eines Kindes statt, wobei ich die Zeremonien erklären werde.« Der Erfolg des Pfarrers muß überwältigend gewesen sein, und so kam schließlich der Bistumsverweser am 23. August des Jahres 1807 persönlich nach Göggingen, um sich selbst ein Bild von den deutschsprachigen Gottesdiensten in der neu erbauten Kirche zu machen. Straßers Beispiel machte Schule, auch der Pfarrer im nahegelegenen Walbertsweiler begann nun, deutsche Passagen in seine Gebete einzustreuen.

Als jedoch der eifrige Gögginger Pfarrer seinen Aktionsradius weiter ausdehnte und nun schon in Sigmaringendorf nach seiner Art predigte, da kam es zur offenen Auseinandersetzung zwischen Konservativen und Fortschrittlichen. Der erzkonservative Hofrat am fürstlich-hohenzollerischen Hof zu Sigmaringen war empört und protestierte in Konstanz energisch gegen die neumodischen Exzesse in Straßers Predigten. Da die konservativen Kreise weitere Schritte für den

Fall ankündigten, daß der Bistumsverweser von Wessenberg dem Treiben des Gögginger Pfarrers kein rasches Ende bereitete, wurde Straßer bereits im September 1807 angewiesen, künftig wieder auf althergebrachte Weise die Messe zu lesen, ebenso alle anderen Pfarrer, die zaghaft versucht hatten, dem Gögginger Beispiel zu folgen.

Josef Willibald Straßer selbst wurde drei Jahre später aus Göggingen abgezogen, kam zunächst als Stadtpfarrer nach Meersburg und später auf Wunsch seines Freundes Ignaz von Wessenberg als dessen rechte Hand ans Konstanzer Münster, wo er hochangesehen im Jahr 1846 starb. An sein revolutionäres Experiment in Göggingen freilich erinnert heutzutage nichts mehr, und weder den Einwohnern noch der Gemeindeverwaltung ist bekannt, daß es hier einmal einen Priester gab, der mit seinen mutigen Predigten (fast) Geschichte gemacht hat.

Antwort – Postkarte

Silberburg-Verlag
Titus Häussermann GmbH
Seyfferstraße 44

D-7000 Stuttgart 1

Absender (bitte gut lesbar schreiben!)

Name

Straße

PLZ, Ort

Beruf   Alter

Für Silberburg-Bücher interessiert sich auch:

Wir sind neugierig ...

... was Sie von dem Buch halten, dem Sie diese Karte entnommen haben.

Titel des Buches: _____

Wie wurden Sie auf dieses Buch aufmerksam?

_____

Bitte schreiben Sie uns ganz offen Ihre Meinung! Sie ist wichtig für unsere weitere Verlagsarbeit.

Der Silberburg-Verlag hat sich auf Bücher über Baden-Württemberg spezialisiert. Welches Buch fehlt Ihrer Meinung nach in diesem Rahmen? _____

... Sie auch?

Dann tragen Sie bitte umseitig Ihre Anschrift ein. (Aus reiner Neugierde wüßten wir auch gern Ihren Beruf und Ihr Alter.) Sie erhalten fortan regelmäßig kostenlos Prospekte und Informationen über unsere neuen Bücher. Bitte nennen Sie uns auch die Adressen von anderen Leuten, von denen Sie glauben, daß sie Interesse an unserem Verlagsprogramm haben.

Volksheld im Kurort

»Das jüngere Geschlecht, das unseren Kurort erst in der Blüte-
zeit kennengelernt hat, vermag sich kaum eine Vorstellung
davon zu machen, wieviel die kraftvolle Persönlichkeit Alexander Spenglers einst für die Kurgäste und den Kurort bedeutet hat.« 1901 hat diesen Satz der Davoser Pfarrer Hauri gesprochen, am Sarg des Dr. med. Alexander Spengler, der als
der Mann gilt, der den Aufstieg des abgelegenen Schweizer
Bergdorfs Davos zu einem weltbekannten Kurort begründet
hat. Auf Schritt und Tritt begegnet der Besucher heute in Davos dem Namen Alexander Spengler, ob im »Alexanderhaus«
oder beim alljährlich hier stattfindenden internationalen Eis-
hockeyturnier um den »Spenglercup«, um nur zwei Beispiele
zu nennen.

Die Davoser halten den Namen ihres Kurortbegründers in
Ehren, den Namen eines Mannes, der in Mannheim geboren
ist. Am 20. März 1827 brachte ihn seine Mutter Charlotte in
einem Haus zur Welt, das nicht gerade in der allerfeinsten
Gegend stand, sondern in R 2, 2. (Mannheim ist ja schon seit
seiner Gründung ganz nüchtern in Quadrate eingeteilt.)
Sein Vater Johann Philipp Spengler war Hauptlehrer an der
höheren Töchterschule. Der kleine Alexander wuchs – zusammen mit acht Geschwistern – in recht bescheidenen Verhältnissen auf. Im Jahr 1846 wechselte er vom Gymnasium,
wo er sich mehr in den Fächern Singen und Sport denn in
Mathematik und Sprachen ausgezeichnet hatte, auf die Universität von Heidelberg, um dort Jura zu studieren. Sehr hin-

gezogen hat er sich zum Studium allem Anschein nach nicht gefühlt, auch hier waren seine Noten nämlich recht mäßig. Dafür hat er's in seiner Studentenverbindung »Suevia« zu einem angesehenen Fechter gebracht, dessen Klinge weithin gefürchtet war.

Natürlich war eine Universitätsstadt wie Heidelberg in jenen Jahren der deutschen Revolution eines der Zentren freiheitlicher Bestrebungen. Auch Spengler war hingerissen von den schwarz-rot-goldenen Idealen und schloß sich 1848 der revolutionären Bewegung an. Im Jahr 1849, beim Ausbruch der badischen Revolution, war Spengler mit dabei im Heer der Aufständischen, erst als Rekrut, wenige Monate später bereits als Leutnant. Sämtliche Gefechte an der Bergstraße hat er mitgemacht, genauso wie die für die Revolutionäre so verhängnisvoll endende Schlacht bei Waghäusel unter dem Revolutionsgeneral Sigel. Das von der badischen Regierung zu Hilfe gerufene preußische Heer fügte dem Gegner mit seiner personellen und waffentechnischen Überlegenheit eine schwere Niederlage zu und drängte im Juli 1849 die Reste der Revolutionsarmee an den Rhein, wo einige, unter ihnen auch der Leutnant Alexander Spengler, mit knapper Not der Gefangenschaft entgehen und über die Säckinger Rheinbrücke in die Schweiz fliehen konnten. Viele seiner Kampfgefährten wurden in der Festung Rastatt inhaftiert oder standesrechtlich erschossen, Spengler selbst hat man in Abwesenheit zum Tode verurteilt.

In der Schweiz erhielt er politisches Asyl und begann auf Anraten eines Freundes in Zürich mit einem neuen Studium, das ihm wesentlich mehr Freude bereitete als die Juristerei: er studierte von nun an Medizin. Da ihn sein Vater finanziell nicht unterstützen konnte, soll sich Spengler hier einen Teil des Studiums mit dem Erteilen von Fechtunterricht verdient haben. Immer wieder drohte ihm in dieser Zeit die Abschiebung zurück nach Baden, wo ja noch das 1849 ausgesprochene Todesurteil in Kraft war. Auch die Emigration nach Amerika, wohin ja so viele badische Revolutionäre ausgewandert waren, hat er öfter als nur einmal ernsthaft erwogen.

Nach Abschluß des Medizinstudiums wurde Spengler zunächst eine Stelle als Assistenzarzt am Kantonsspital in Münsterlingen im Kanton Thurgau angeboten, doch Freude rieten ihm, lieber in das abgelegene Davos zu gehen, das schon seit einiger Zeit keinen Landschaftsarzt (eine Art Landarzt) mehr besaß. Er bewarb sich um die Stelle und wurde von den Schweizer Behörden einer viertägigen Prüfung unterzogen, die er »zur vollkommenen Zufriedenheit« der Prüfer beendete. Alexander Spengler, der ehemalige badische Revolutionär, wurde also im Alter von 26 Jahren Landschaftsarzt im schweizerischen Davos!

Leicht gefallen ist es ihm damals nicht, in das weltabgeschiedene Bergdorf zu ziehen, denn dort haben sich damals noch Fuchs und Hase Gutenacht gesagt; es gab keine Vorträge, kein Theater, keine Menschen, mit denen man nächtelang diskutieren konnte, wie dies in Zürich der Fall gewesen war. Lange, das stand für ihn fest, würde er hier nicht bleiben. Diese Auffassung hatte er auch dann noch, als er sich in die Davoserin Elisabeth Ambühl verliebte, die er nach zahlreichen behördlichen Schwierigkeiten schließlich heiratete. Im Jahr 1855 noch hatte er ernsthaft erwogen, sich den badischen Behörden zu stellen in der Hoffnung, das Todesurteil werde in einige Jahre Festungshaft umgewandelt, da auch seine Frau noch jahrelang unter dem Unverständnis der Davoser Freunde und Verwandten zu leiden hatte, daß sie sich ausgerechnet einen Flüchtling aussuchen mußte, einen ehemaligen badischen Revolutionär, der nur unter größten Schwierigkeiten das für die Hochzeit notwendige Schweizer Bürgerrecht erhalten hatte.

Doch dann kam Anfang der sechziger Jahre des 19. Jahrhunderts die Wende für den Davoser Landarzt Spenger. Sie begann mit einer für die damalige Zeit üblichen Fehltherapie: Spengler riet dem lungenkrank gewordenen Pfarrer Forchhammer zu einem Umzug in ein milderes Klima (wie gesagt, eine damals durchaus übliche Empfehlung), doch der Pfarrer, der den Ratschlag befolgte, starb nur ein Jahr später. Der gesundheitlich ebenfalls angeschlagene Stellvertreter Forchhammers, Pfarrer Ernst Schrenk, jedoch erholte sich im Davoser Winter zusehends und gesundete bald völlig. Diese und weitere Beobachtungen an Lungenkranken machten Spengler zunächst stutzig und brachten ihn dann auf den richtigen Weg: Nicht das milde Klima in den Niederungen, sondern gerade das Reizklima im hochgelegenen Davos sei die richtige Therapie für Lungenkranke, erkannte der Landschaftsarzt. Zwar rief diese Auffassung heftigen Widerspruch in medizinischen Kreisen hervor, sobald sie veröffentlicht war, doch die Erfolge gaben Spengler recht.

Ein Aufenthalt in Davos galt von da an zunächst als Geheimtip und später in immer stärkerem Maße als ideale Therapie gegen die damalige Volksseuche Lungentuberkulose. Die meisten Schwindsüchtigen kamen im Sommer, um in Davos Linderung von ihren Beschwerden oder sogar Heilung zu suchen; im Winter galt das Klima als viel zu rauh und einem Gesundungsprozeß abträglich.

Bis zum 7. Februar des Jahres 1865: An diesem Tag erschienen – vielbestaunt – mit einem Schlitten die beiden schwer an Tuberkulose erkrankten Hugo Richter und Dr. Friedrich Unger in Davos, um hier Linderung zu finden, und zwar aufgrund der Schwere ihrer Erkrankung möglichst rasch, eben deshalb schon im Winter. Tatsächlich konnten beide geheilt werden. Die Nachricht von der wundersamen Genesung verbreitete sich wie ein Lauffeuer in der Schweiz und auch im Ausland; der Grundstein zum atemberaubend schnellen Aufstieg des Schweizer Bergdorfes zu einem Kurort mit internationalem Flair war gelegt. Kurhäuser wurden gebaut, Sanatorien, Hotels, Pensionen, medizinisch überwacht und angeregt durch Dr. Alexander Spengler, der mit einer allgemeinverständlich abgefaßten Broschüre »Die Landschaft Davos als Kurort gegen Lungenschwindsucht« noch weiter kräftig Werbung für den Ort machte, dem er nun natürlich nicht mehr den Rücken kehren wollte.

Im Jahr 1893 feierte der ganze Ort den Tag, an dem Alexander Spengler genau 40 Jahre zuvor nach Davos gekommen war, als einfacher Landschaftsarzt, von vielen damals mißtrauisch beäugt, 40 Jahre später eine Art Volksheld im Kurort, der ihm seine explosionsartige Entwicklung und den neuen Wohlstand zu verdanken hatte. Erst wenige Monate vor seinem Tod legte Spengler aus gesundheitlichen Gründen die Leitung des evangelischen Sanatoriums, das nach seinem Tod in Alexanderhaus umbenannt wurde, nieder. Populär war er, populär ist er in Davos geblieben – nicht nur wegen seiner Verdienste um den Aufstieg des Ortes, auch wegen seiner vielgerühmten Menschlichkeit und Uneigennützigkeit, wegen seiner Art, sich in den Hintergrund und die Sache, um die es ging, in den Vordergrund zu stellen. Noch auf dem Sterbebett soll der Mann, der einst als badischer Revolutionär, von den Behörden mit Todesurteil verfolgt, in die Schweiz geflüchtet war, die Frage gestellt haben: »Habe ich noch etwas gut zu machen?«

Schauerliche Tragödie

»Die Gundelfinger waren zu ihrer Zeit eines der berühmtesten und angesehensten Freyherrlichen Geschlechter, dessen Besitzungen sich weit ausbreiteten ... Zu ihrer Herrschaft gehörten nicht nur die beiden Gundelfingen, sondern auch Hayingen, Neufra, die Burgen Derneck, Maisenburg, Ehestetten mit den damit verbundenen Orten, Bichishausen, eine Zeitlang auch Buttenhausen, Hundersingen, sowie Pflummern, Mundingen, Bremelau«, so steht's zu lesen in der »Beschreibung des Oberamts Münsingen« aus dem Jahr 1825, und die Oberamtsbeschreibung hat in ihrer eindrucksvollen Aufzählung sogar noch einige Burgen und Besitztümer vergessen, die ebenfalls im Besitz der Familie der Edelfreien von Gundelfingen im Lautertal waren.

Mehr als einhundert Meter über dem Lautertal thront in 700 Metern Meereshöhe die Burg Hohengundelfingen, uneinnehmbar scheinend, auf einem Felssporn, mit weiter Sicht über die Hochfläche der Schwäbischen Alb bis hin zu den Alpen. Auf einem Bergkegel tief unter ihr, von hohen Mauern umgeben, liegt die »Schwesterburg« Niedergundelfingen, viel weniger wehrhaft, eher unbedeutend scheinend, dafür aber immer noch bewohnbar, durch und durch romantisch für den Betrachter. Natürlich ist Hohengundelfingen der Stammsitz der mächtigen Familie derer von Gundelfingen, die im Jahr 1105 erstmals mit einem Swigger von Gundelfingen ins Licht der Geschichte tritt. Woher sie kommen, ob sie tatsächlich von dem uralten Geschlecht der schwäbischen

Stammesherzöge, der Alaholfinger, abstammen, ist zwar nicht ganz und gar unwahrscheinlich, doch bewiesen andererseits ist es genausowenig. Und nicht wenige Adelsherrn im Mittelalter versuchten sich ja dadurch mehr Ansehen und Bedeutung zu verschaffen, daß sie sich auf eine angeblich hochrangige Abstammung beriefen, die freilich durch nichts als durch diese Behauptung zu belegen war. Am tollsten haben es in dieser Beziehung die Grafen von Zimmern getrieben, deren Chronist Froben Christoph in seiner berühmten (sonst durchaus als Quelle ernstzunehmenden) Chronik der Grafen von Zimmern sich zu dem angeblich sicheren Nachweis versteigt, die Mitglieder seiner Familie stammten auf direktem Weg von den Kimbern und Teutonen ab.

Fest scheint auf jeden Fall zu stehen, daß die Gundelfinger zunächst in den Auseinandersetzungen zwischen Papst und dem Kaiser auf Seiten der Staufer zu finden sind, daß ihre Burg im Grenzland verschiedener Einflußbereiche (Welfen, Habsburger, Staufer) auf strategisch äußerst wichtigem Territorium stand und daß sie mit Sicherheit auch die Unterstützung der Kaisergegner (die ja aus ganz eigennützigen Gründen zahlreich waren) beim Bau der gewaltigen Anlage bekommen haben. Allein der Bergfried, der Turm der Burg, muß zum Zeitpunkt des Baus von Hohengundelfingen zu Beginn des 12. Jahrhunderts über 30 Meter hoch in den Himmel geragt haben. Riesige Buckelquader von 1,5 Metern Länge, einem Meter Dicke und über 1500 Kilogramm Gewicht sind hier zu einem der größten Türme dieser Art im ganzen Land aufgeschichtet worden.

Die exakt behauenen Buckelquader sind von langobardischen Steinmetzen bearbeitet worden, die zur Zeit des Burgenbaus im nahegelegenen Kloster Zwiefalten im Auftrag des Abtes Wilhelm von Hirsau eine Säulenbasilika anfertigten. Man hat sich also durchaus geholfen unter den päpstlichen Parteigängern und – so würde man heute sagen – internationales Know-how ausgetauscht.

Irgendwann in dieser Zeit, zwischen dem 12. und der Mitte des 13. Jahrhunderts, muß es gewesen sein, daß eines der Mitglieder der hochherrschaftlichen Familie an einem der berüchtigten Kreuzzüge gegen die Heiden an den Heiligen Stätten des Vorderen Orients teilgenommen hat. Dies ist zumindest sehr wahrscheinlich, und von einem tragischen Geschehen im Zusammenhang mit einem Kreuzzug berichtet auch eine Sage aus dem Lautertal. Als nämlich der edle Recke mit seinem Kaiser und päpstlichem Segen gegen die Ungläubigen im Morgenland focht, habe es einen Mönch gegeben, der ein inniges Verhältnis zur einsamen Burgfrau auf Hohengundelfingen gepflegt habe. Sieben Kinder hätten die beiden im Verlauf ihrer Beziehung miteinander gehabt. (Hier übertreibt die Sage etwas, denn kein Kreuzzug damals dauerte länger als sechs Jahre, die meisten nur zwei oder drei Jahre.) Als nun eines bösen Tages die Burgfrau das Jagdhorn ihres längst zu seinen Ahnen gegangenen Burgherrn vernahm, da soll sie in Furcht und maßlosem Entsetzen ihre Kinder gepackt und von einem benachbarten Felsen aus in den Tod geworfen haben. Zum Schluß sei die Burgfrau ihren Kindern hinterhergesprungen. Alle acht seien in der Stunde ihres Todes zur Steinsäule erstarrt und bis auf den heutigen Tag zu sehen. Tatsächlich steht kurz vor dem Dorf Gundelfingen auf der linken Straßenseite lauterabwärts ein bizarrer Felsklotz, den man die »steierne Jungfrau« nennt, umgeben von kleineren Felsbrokken.

Als der heimgekehrte Kreuzritter von dem schrecklichen Geschehen und seinen Zusammenhängen erfuhr, so berichtet die Sage weiter, habe er den Mönch ergeifen, in einen Karren sperren und in allen Dörfern seines Besitzes vorführen lassen. Schließlich hätten sie ihn in ein Tal gebracht, das noch heute das »Pfaffental« genannt wird, dort hätten Ritter und Edelleute aus der ganzen Umgebung mit Armbrüsten auf den gefangenen Mönch gewartet und ihn mit ihren Pfeilen wie ein Sieb durchbohrt. An Ort und Stelle habe man den Hingerichteten in ungeweihter Erde verscharrt wie einen räudigen Hund. Am nächsten Tag schon sei die Burgkapelle niedergerissen worden. Immer noch aber geht in sturmgepeitschten Nächten der Geist des Pfaffen in jenem Tal um, und gleichzeitig hören die schaudernden Bewohner von Gundelfingen ein leises Kinderwimmern von den Steingebilden herüberziehen; man sagt dann, es sei die Burgfrau mit ihren unglücklichen Kindern.

Mächtigster Vertreter seiner Familie war Mitte des 13. Jahrhunderts ein Mann, der wiederum den Vornamen Swigger trug (dieser Name taucht in der Familie bis zu ihrem Aussterben im 16. Jahrhundert sage und schreibe achtundzwanzigmal auf, was die Beschäftigung mit dem Stammbaum derer von Gundelfingen nicht gerade erleichtert ...), doch dieser Ritter hatte zwei Fehler: Erstens nämlich schlug er sich in den Auseinandersetzungen mit dem mächtigen Stauferkaiser Friedrich II., als dessen enger Vertrauter er einige Zeit gegolten hatte, zusammen mit seinen hochadligen Verwandten aus Justingen auf die falsche Seite (nämlich die des Königs Heinrich), wofür er nach der Niederlage dieser Partei kräftig zur Ader gelassen wurde. Und zweitens hatte der Mann ganz einfach zu viele Kinder. Insgesamt acht Söhne und mindestens vier Töchter schwächten das Besitztum der einst mächtigen Familie immens, denn obwohl drei Söhne und mindestens eine Tochter in den geistlichen Stand traten, mußten sie ja mit einer Art Mitgift für den Eintritt ins Kloster ausgestattet werden, und die durfte bei einer solchen Familie nicht zu gering ausfallen. Unter den verbliebenen fünf Söhnen (darunter natürlich wieder einem Swigger) wurde der Besitz der Gundelfinger aufgeteilt und somit zersplittert – der Niedergang der Familie war eingeleitet. Spätestens im Jahr 1305 mußte der auf Hohengundelfingen verbliebene Sohn oder Enkel des alten Swigger die Burg an das Haus Habsburg verkaufen; lediglich als Lehensinhaber durften die Gundelfinger auf ihrer Stammburg wohnen bleiben.

Im Gegensatz dazu kamen die übrigen Ableger der Familie – vor allem die auf Niedergundelfingen – zu einigem Ansehen, nun vor allem als Parteigänger der württembergischen Herrscher. So trug Stephan von Gundelfingen beim Wormser Reichstag 1495 dem gerade in den Herzogsstand erhobenen Eberhard von Württemberg bei dessen feierlichem Aufmarsch die rote Fahne, das Zeichen des Blutbanns, voran. Der letzte Gundelfinger, Schweikhart, der seinen Sitz in Neufra an der Donau hatte, war immerhin noch Rat des Herzogs Ulrich und nach dessen Vertreibung aus Württemberg österreichischer Statthalter in Stuttgart; als österreichischer Kommissar wurde er während des Bauernkriegs 1525 mehrfach als Unterhändler eingesetzt. Auch nach der Niederlage der Bauern versuchte er, die schärfsten Strafen von den Bauern abzuwenden und Milde walten zu lassen. Im Jahr 1546 starb er. Die Burg Hohengundelfingen – damals schon eine verlassene Anlage – fiel an das Haus Habsburg zurück, die Grafen von Helfenstein erbten die gundelfingischen Besitzungen, die Familie der Herren von Gundelfingen hatte aufgehört zu existieren.

Das Herzgrab
des Kaisers

Ein sogenannter »Kenotaph« sei das, was man hier sehe, erklärt der Führer durch die Murrhardter Stadtkirche dem Besucher, ein Leergrab also, ein Scheingrab für Kaiser Ludwig den Frommen, den Sohn Karls des Großen. Erbaut worden sei dieses Grabmal auch erst Jahrhunderte nach seinem Tod, nämlich um 1440 herum. Noch schlimmer: Das Todesjahr des hier angeblich bestatteten Kaisers wird auf der Inschrift der steinernen Grabplatte mit 816 nach Christus angegeben, in Wirklichkeit aber ist Ludwig der Fromme erst im Jahr 840 in Ingelheim gestorben, 816 dagegen (deshalb wohl auch der Irrtum) hat er sich zum Kaiser des Heiligen Römischen Reiches krönen lassen. Eine peinliche Geschichtsverfälschung also, die seit Jahrhunderten glauben machen soll, daß Murrhardt Grabstätte eines Kaisers sei? Nicht ganz, denn, wie so oft in der Geschichte: Ein Fünkchen Wahrheit ist mit im Spiel. Die Stadtkirche von Murrhardt war nämlich in der Tat Begräbnisort für das Herz des Kaisers – vom Jahr 840 bis etwa 1550.

Wie das nun kam, daß das Herz von Ludwig dem Frommen, dessen Körper in Metz begraben ist, ausgerechnet in Murrhardt im Schwäbischen Wald beigesetzt wurde, läßt sich nicht mehr vollständig klären. Sicher ist jedoch die Tatsache, daß Ludwig genau zu der Zeit, in der er zum alleinigen Kaiser des Reiches wurde, das Murrhardter Kloster stiftete, dessen erster Abt der vormalige Einsiedler Walterich wurde. Walterich und der – sein Beiname belegt es deutlich – sehr fromme Kaiser

Ludwig müssen sich ganz offenkundig sehr nahegestanden haben (vermutet wird sogar eine verwandtschaftliche Beziehung, daß Walterich womöglich einer der zahlreichen Stiefbrüder des Kaisers gewesen sei).

Der Herrscher habe sich, erzählt die Legende, auf der Flucht vor seinen aufständischen Söhnen einst in Murrhardt versteckt und dort auf einer abgelegenen Burg Zuflucht gefunden. Hier sei er mit dem Einsiedler Walterich zusammengekommen, der sich auf den Resten eines ehemals keltisch-römischen Heiligtums niedergelassen hatte. Der Einsiedler habe dem Kaiser Mut und Zuversicht gespendet und ihn mit neuer innerer Kraft durch gemeinsame Gebete und Meditationen versehen, so daß Ludwig schließlich vor seiner Abreise aus Murrhardt ihm aus Dankbarkeit mit Brief und Siegel erlaubt habe, hier ein Kloster zu erbauen, dessen erster Abt der heute noch verehrte Walterich dann, wie erwähnt, auch geworden ist.

Zwar kann zur Zeit der Klostergründung sicher noch nicht von der Bedrängnis des Kaisers durch seine Söhne gesprochen werden (hier verkürzt die Legende einfach die zeitlichen Abläufe ziemlich), doch die mönchische Religiosität Ludwigs ist verbürgt, und insofern kann es schon zutreffen, daß er um das Jahr 816 herum zu dem damals schon bekannten Walterich gepilgert ist, um aus religiöser Sicht von ihm zu lernen. Es kann durchaus zutreffen, daß der Kaiser dann im Gegenzug die Erlaubnis zum Klosterbau erteilt hat. Über die Jahre hinweg scheint der Mann, der als letzter Beherrscher von Europa in die Geschichte eingegangen ist, seine Beziehung zu Walterich und Murrhardt aufrechterhalten zu haben. Mag durchaus sein, daß nun die Legende doch noch einen zweiten wahren Kern aufweist, wenn sie davon spricht, daß sich der von seinen Söhnen bedrängte und verfolgte Kaiser hierher zurückgezogen habe, schließlich wurde er im Jahr 833 (nach dem Verrat auf dem seither so bezeichneten Lügenfeld bei Colmar) von den Söhnen gefangengenommen und schließlich zum Thronverzicht genötigt (wenngleich dieser, wie sich später herausstellen sollte, nur vorübergehend war).

Jedenfalls verfügte Ludwig für den Fall seines Todes, daß zwar sein Körper in Metz, sein Herz aber in der Murrhardter Kirche zur letzten Ruhe gebettet werden solle, eine für damalige Zeiten übrigens gar nicht ungewöhnliche Sitte. Verbreitet war nämlich der Glaube, das Herz sei nicht nur Sitz der Lebenskraft, sondern auch Zentrum der Seele. Die berühmte Hildegard von Bingen spricht vom Feuer des Herzens, aus dem die Gedanken aufsteigen in die Kälte des Gehirns, wodurch dann erst die Klarheit des Denkens entstehe. Daher ist es kein Wunder, daß die Herrscher jener Zeit fein unterschieden, wo welcher Körperteil von ihnen dereinst beigesetzt werden sollte – je nach Beziehung zu einem Ort also der jeweilige Körperteil. Das betraf nicht nur das Herz, sondern ging noch weiter über das Gehirn, die Eingeweide und die Knochen bis zum Blut.

Was wunder also – wenn wir von einem wahren Kern der Klostergründungslegende ausgehen –, daß Ludwig gerade sein Herz hier bestatten lassen wollte, in einem vergoldeten Silberbehältnis. Dieses Kästlein wiederum wurde umschlossen von einem silbernen Sarkophag (von dem wir heutzutage eben nur noch die erneuerte Ausgestaltung von 1440 betrachten können), über zwei Meter lang, einen Meter breit – ein richtiges »Scheingrab« also, das an der Stirnseite eine kleine Öffnung hatte, um den Pilgern sowohl den Blick auf die goldene Kassette mit der Reliquie zu gestatten wie ihnen auch das Einatmen der geweihten Luft, die aus dem Grabesinneren drang, zu ermöglichen.

Eine Öffnung im Westchor der Kirche ist gleichzeitig so angebracht, daß einmal im Jahr die Sonne genau auf den Sarkophag des Herrschers scheint, ein weiteres Mysterium, dessen letztendliche Enträtselung wohl nicht mehr gelingen wird.

Ziemlich unsanft ist die Reformation mit dem Grab des frommen Kaisers umgesprungen: Der reformierte Herzog Christoph von Württemberg nämlich hat die Steinplatte heben und den wertvollen Behälter mit dem Kaiserherz entfernen lassen. Der längst zu Staub zerfallene Inhalt war es gar nicht, worauf es dem Herzog ankam – ihm ging es um das Edelmetall, um Gold und Silber! Folgerichtig hat er die Kassette einschmelzen lassen, um das Kaiserherz selbst hat sich keiner mehr Gedanken gemacht, und so ist das Murrhardter Herzgrab seit dem 16. Jahrhundert tatsächlich nur noch ein Scheingrab, bei aller Bedeutung, die es früher einmal gehabt hat.

Das Stäble

Zwei der drei Gemeindeteile von Neustetten, nämlich Remmingsheim und Wolfenhausen, haben ihn in ihrem Wappen, den Stab mit der aufgepflanzten Schwurhand, das Symbol, das dem Gebiet westlich von Rottenburg seinen Namen gegeben hat: das Stäble. Zusammen mit dem Dorf Nellingsheim (das jedoch erst im Jahr 1620 dazukam und deshalb in seinem Wappen den Stab nicht aufweist) bildeten sie jahrhundertelang bis zur Angliederung an das Oberamt Rottenburg im Jahr 1808 eine selbständige Verwaltungseinheit, eben das Stäble. Was es mit diesem Symbol auf sich hat, das so wichtig war, daß es selbst in den Ortswappen wieder auftaucht, ist einfach zu erklären: Es handelt sich dabei um die Abbildung eines Gerichtsstabs, den der Vogt als äußeres Zeichen seiner Macht innehatte. Von alters her hatte der Richter den Gerichtsstab vor sich liegen; er konnte ihn beim Urteilsspruch senken oder in die Höhe heben, konnte auch über dem Kopf des Angeklagten den Stab brechen, ihn also verurteilen, was einen häufig gebrauchten sprachlichen Begriff unserer Tage erklärt. Unter der »Stabgerichtsbarkeit« des Vogts wurde Recht gesprochen, wurden Urteile verkündet.

Weil dieses Stabsgericht nun im schwäbischen Sprachraum angesiedelt war, verwundert es kaum, daß die wackeren Remmingsheimer bald nicht als die Landschaft mit dem Stabsgericht, sondern als Stäble zum Begriff geworden sind.

Im Jahr 1362 bereits beginnt die Geschichte des Stäbles, die auch eine Geschichte der konfessionellen Unterschiede ist. In diesem Jahr nämlich verkaufte der Graf von Hohenberg die Dörfer Remmingsheim und Wolfenhausen »mit allem was dazugehört, mit Leut, Gut an Feldern und Wäldern« für immerhin 2000 Gulden an den Pfalzgrafen von Tübingen. Dessen Sohn wiederum verkaufte 20 Jahre später Dörfer und Leute erneut; diesmal ging der Besitz an den württembergischen Grafen Eberhard den Greiner. Im Jahr 1475 wären die Remmingsheimer fast noch einmal hohenbergisch geworden und nach Rottenburg gekommen, das Sitz der Grafschaft Hohenberg geworden war; doch der Verkauf scheiterte, und so blieb man bei Württemberg und wurde 1534, wie die anderen württembergischen Besitzungen, evangelisch – im Gegensatz zu den umliegenden Gemeinden, die streng katholisch blieben, da sie zum Territorium von Hohenberg gehörten.

Dennoch war das Stäble, in dem ein von Württemberg eingesetzter Vogt, meist aus einer einheimischen Familie, amtierte und die Gerichtsbarkeit ausübte, wirtschaftlich stark mit Rottenburg verbunden, über alle konfessionellen Grenzen hinweg. Um so wichtiger war für die Stäblesbewohner daher das 1553 von Herzog Christoph erwirkte Recht, den Markt in Rottenburg besuchen zu dürfen (also ins Ausland zu fahren), Zollfreiheit für die dort gekauften und verkauften Waren zu erhalten, die württembergische Weineinfuhrsperre nicht beachten zu müssen (in Rottenburg wuchs nun einmal Wein, im Stäble halt keiner) und bei Überfahrt über österreichisches Gebiet nicht auch noch Zoll zahlen zu müssen.

Für den Müller in der Bronnmühle, oberhalb von Rottenburg am Neckar gelegen, war diese reichlich komplizierte Situation gleich in doppelter Hinsicht verzwickt: Die Mühle nämlich gehörte der Universität Tübingen (war ihr von den württembergischen Grafen, den Universitätsgründern, vermacht worden), und deshalb befand sich der Mühlenpächter – ringsum eingeschlossen von österreichischem Territorium – auf württembergischem Gebiet. Im Hinblick auf die Gerichtsbarkeit war das Stabsgericht von Remmingsheim zuständig.

Die Dörfer Remmingsheim und Wolfenhausen waren verpflichtet, ihr gesamtes Korn in der Bronnmühle mahlen zu lassen, wofür wiederum der Müller alljährlich am Weißen Sonntag eine bestimmte Menge Kuchen zu backen und kostenlos in den Dörfern zu verteilen hatten. Außerdem war festgelegt, daß der Müller grundsätzlich die Kirchen von Remmingshausen oder Wolfenhausen zu besuchen hatte, also evangelischen Gottesdiensten und ja keinen im katholischen Umland beizuwohnen hatte.

Erstaunlich, daß es ob so zahlreicher Bestimmungen und gegensätzlicher Herrschafts- und Glaubensgebiete fast nie zu Auseinandersetzungen zwischen der vorderösterreichischen Stadt am Neckar und den Stäblesorten auf der Höhe gekommen ist. Wenigstens sind keine größeren Streitereien überliefert: die Dörfer des Stabsgerichts führten ihr weitgehend isoliertes Eigenleben und blieben konfessionell halt unter sich – noch heute sind über 90 Prozent der Neustetter Bürger Protestanten.

Besonders erwähnenswert und rätselhaft ist ein Rottenburger Recht, das sich bis lange in die württembergische Zeit hinein, bis ins 18. Jahrhundert, gehalten hat: Das katholische Stift St. Mauritius hatte nämlich das Privileg, den Remmingsheimer Pfarrer zu ernennen. In den Zeiten vor der Reformation war dies nicht weiter problematisch, doch nach der Wendung von Württemberg zum Protestantismus schien das Ende dieses Rechts gekommen. Doch die guten Katholiken von St. Mauritius scherten sich nicht um irgendwelche Schwierigkeiten, auch nach 1534 ernannten sie wacker den Remmingsheimer Pfarrer, nun halt einen evangelischen. Freilich mußten sie ihn auch besolden und das Pfarrhaus in einem ordentlichen Zustand erhalten, aber das taten sie gern, denn im Gegenzug hatten die Remmingsheimer dem Mauritiusstift den großen Fruchtzehnten abzuliefern, was ebenfalls bis ins 18. Jahrundert praktiziert wurde. Ökumene im kleinen – zu einer Zeit, als noch keiner davon ernsthaft gesprochen hat.

Der Malefizschenk und
die Gauner

»Kettengeklirr war seine Musik, und seine Feste wurden mit Galgen, Rad und Schwert gefeiert, mit Blut und Eisen waren seine Korrespondenzen geschrieben, die Diplome, die er ausfertigte, betrafen Scharfrichter, die das Meisterstücklein gemacht hatten«, so wird er von einem Bürger im 19. Jahrhundert charakterisiert, der Mann, dessen Gedenktafel am Kanzleigebäude von Oberdischingen hängt und auf der geschrieben steht: »Reichsgraf Schenk Franz Ludwig von Castell, geboren 1736, hier gestorben 1821«. Dies ist freilich eine grobe Abkürzung, denn mit vollem Titel nannte sich der Mann folgendermaßen: »Franz Ludwig Schenk, des Heiligen Römischen Reiches Graf von Castell, Herr der Graf- und Herrschaften Schelklingen, Berg und Gutenstein, Oberdischingen, Bach, Wernau, Einsingen und Hausen und Stetten am Kalten Markt, seiner Römisch Kaiserlich Königlich Apostolischen Majestät Kämmerer, Seiner Kurfürstlichen Gnaden zu Mainz Wirklicher Geheimer Rat, des Hochfürstlichen Hochstifts Eichstätt Erbmarschall«. Eine imposante Litanei, typisch für die damalige Zeit, typisch für einen der Fürsten. Der Titel täuscht freilich darüber hinweg, daß der hochadlige Herr finanziell nicht gerade auf Rosen gebettet war, weil er nämlich seine Residenz Oberdischingen kräftig ausgebaut hatte zu einem repräsentativen Ort, von dem die Einwohner noch heute stolz sagen, man nenne ihn ab und an »Klein-Paris«. Ob dieser Vergleich wirklich treffend ist, soll uns hier nicht weiter beschäftigen, eher schon die Person des

Reichsgrafen, der als der »Malefizschenk« in die Geschichte eingegangen ist.

Als Reichsgraf hatte er natürlich auch die hohe (Blut-)Gerichtsbarkeit inne, doch in der Oberdischinger Umgebung wie in ganz Oberschwaben nahm das Gaunerunwesen in dieser Zeit der politischen und sozialen Umwälzungen immer schlimmere Formen an. Die wenigen Zuchthäuser, die es damals gab, quollen regelrecht über vor Gefangenen und waren meist auch alles andere als ausbruchssicher. In sogenannten »Gaunerlisten«, die damals – auch vom Grafen von Castell – geführt wurden, ist von über 2000 bekannten und gesuchten Gaunern im Schwäbischen die Rede. Vor der Bereinigung der Landkarte durch Napoleon war gerade das Gebiet von Oberschwaben zersplittert in kleine und kleinste Herrschaftsbereiche von Reichsstädten, Klöstern, reichsritterschaftliche, gräfliche, fürstliche und vorderösterreichische Verwaltungen. Kein Wunder, daß es da den Verbrechern, denen zusätzlich noch das unwegsame Gelände zugute kam, leichtfiel, sich vor den Verfolgern in Sicherheit zu bringen: Der Sprung über den nächsten Bach oder der Schritt auf die andere Seite der Straße genügten schon oft, um in einem anderen Herrschaftsraum Unterschlupf und Schutz vor den Nachstellungen der Häscher zu finden.

Aus all diesen Gründen beauftragte im Jahr 1786 Kaiser Joseph II. den Ritterkanton Donau in Ehingen, endlich ein eigenes Zuchthaus zu erstellen oder sich mit einer der schon bestehenden Einrichtungen zusammenzutun, weil gerade im Gebiet des Ritterkantons die öffentliche Sicherheit arg gefährdet sei. Im März 1787 erklärte sich bei den Beratungen des Ritterkantons Reichsgraf Franz Ludwig Schenk von Castell dazu bereit, auf seinem Hoheitsgebiet eine solche Anstalt einzurichten, falls er vom Ritterkanton finanzielle Unterstützung dafür erhalte. Gesagt, getan – und mit dieser Zusage begründete er seinen Ruhm und seinen Beinamen als der »Malefizschenk«. Das heißt nichts anderes als der Schenk (ein Titel, der vom früheren Mundschenk hochadliger Herren herrührt und der immer ein besonderes Ehrenamt bedeutete), der sich mit Übeltätern beschäftigt (vom lateinischen malum ficere = Übles tun).

Vertraglich verpflichtete sich der Malefizschenk, alljährlich 40 Vaganten oder Bettler zu verpflegen, der Ritterkanton seinerseits sollte jährlich mit einem Unkostenbeitrag von 2400 Gulden mit von der Partie sein, zuzüglich einer Einmalzahlung von 1500 Gulden. Der Kanton bekam das Recht der Oberaufsicht und Visitation zugesprochen, außerdem bekam der Graf das Recht, zusätzliche Gauner, die ihm überstellt wurden, für eine Entschädigung von 8 Kreuzern pro Tag aufzunehmen.

Von da an hing beim Reichsgrafen der Haussegen schief. Die erzürnte Gemahlin schrieb ihm eines Tages folgenden Brief: »Die Vagants gehören nicht zu einem Chevalier, laß er sie endlich laufen. Es ist vernünftig, auf die Pirsch zu gehen, aber Menschen sind keine Jagdtiere. Niemand versteht ehrwürdigen Liebdens Passion.« Doch der Malefizschenk ließ sich nicht mehr aufhalten. Mit einem Darlehen von 25 000 Gulden baute er ein Zucht- und Arbeitshaus, in dem gefaßte Bettler und Tagdiebe nicht nur verwahrt, sondern durch Arbeit auch zu einer Änderung ihres Lebenswandels angeregt werden sollten. Dieses Arbeitshaus war also als Besserungsanstalt gedacht, das Zuchthaus nebenan als Strafvollstreckungsanstalt für Missetäter. Selbst die Kinder der Gefangenen wurden mit aufgenommen; auch sie hatten in der Garn- und Wollspinnerei ihrer Arbeit nachzugehen.

Immer wieder hat der Reichsgraf um- und anbauen müssen, so voll war seine Anstalt, in der es sogar eine Krankenabteilung mit einem eigens dafür angestellten Chirurgen gab, samt Apotheke, für die damalige Zeit ein ungeheuer liberaler Zug des Malefizschenken. Er organisierte eine eigene Polizeitruppe, die sorgfältig in den Gewohnheiten der Gauner sowie ihrer Sprache, dem Rotwelschen, und ihren Geheimzeichen, den Zinken, ausgebildet wurde. Meist traten die Polizisten als Jäger verkleidet auf. Besonders effektiv waren die Gaunerlisten des Malefizschenken, die Vorgänger der heutigen Fahndungsbücher sozusagen, in denen ganz genau beschrieben war, auf welche Art und Weise die einzelnen Gauner vorgingen und wie sie gekleidet waren: »Die schöne Viktor. Von rechter Weibsgröße, dick besetzter Postur, vollen runden etwas gefärbten Angesichts, grauer Augen, brauner Haare, hat starke weiße Zahnreihen.«

So erfolgreich war der Malefizschenk mit seiner Gaunerbekämpfung im Lauf der Zeit, daß sogar Schweizer Kantone mit ihm Verträge abschlossen, um sich vom Gaunerunwesen zu befreien. Je größer sein Einflußbereich wurde, je mehr Grenzen für ihn bei der Fahndung nach Gaunern nicht mehr galten, desto erfolgreicher wurde er natürlich. Auf dem Höhepunkt seiner Tätigkeit erstreckte sich sein Gebiet von Dinkelsbühl bis nach Zürich. Als Gerichtsherr hat der Graf in rund zwanzig Jahren vierzig Todesurteile und zwanzig Begnadigungen ausgesprochen, wobei er die Todesurteile grundsätzlich von den juristischen Fakultäten der Universitäten Tübingen und Freiburg überprüfen ließ, erst danach wurden sie vollstreckt. (Das eine oder andere Mal soll er freilich auch um neuerliche, strengere Überprüfung gebeten haben, wenn eines der Urteile als nicht stichhaltig verworfen worden war.) Mit dem Strang oder (bei Frauen) mit dem Schwert wurden die Todesurteile ausgeführt, wobei der Tod durch das Schwert als die humanere Art galt, vom Leben zum Tode befördert zu werden. Als geradezu fortschrittlich ließ sich der Graf deshalb dafür feiern, daß er die schwarze Lies, eine »Erzdiebin«, die selbst dem Malefizschenken beim Kirchgang in Ludwigsburg einst 1700 Gulden aus der Rocktasche stehlen konnte, gnädigerweise nicht mit dem Strang, sondern mit dem Schwert hinrichten ließ.

Natürlich waren auch in Oberdischingen die Hinrichtungen jedesmal eine Art Volksbelustigung, zu der die Leute aus der ganzen Umgebung in den Ort strömten. Der Delinquent selbst wurde bereits drei Tage vor der Hinrichtung ins Armsünderstüblein gebracht. In seiner letzten Nacht gesellte sich ein Geistlicher dazu, der ihn auf den Tod vorbereiten sollte. Nach der Henkersmahlzeit brach der Richter noch – in den Wortes sinnbildlicher Bedeutung – den Stab über dem Gefangenen, der dann im Armsünderkarren zur Richtstätte gefahren wurde, wo das Urteil vollstreckt wurde – oder im letzten Moment auch nicht: dann nämlich, wenn der Graf eine Begnadigung aussprach, immer erst, wenn sich das Seil um den Hals bereits straffte oder der Henker den Arm mit dem Schwert schon erhoben hatte, um es gleich auf den Hals des Delinquenten auf dem Richtblock niedersausen zu lassen. Erst in diesem Augenblick, in dem keiner mehr einen Pfifferling für das Leben des Angeklagten zu geben bereit war, kam das erlösende »Halt!«. Als seelische Grausamkeit haben es die Ankläger des Malefizschenken später bezeichnet; er selbst rühmte sich eher für seine humane Handlungsweise – so verschieden war das Selbstverständnis eines absolutistischen Herrschers von sich und seiner Machtvollkommenheit im Gegensatz zur Einschätzung anderer.

Erfolgreich ist er gewesen als Bekämpfer des Gaunerunwesens im Südwesten, das kann nicht geleugnet werden. Doch ab dem Jahr 1806 war's damit für ihn vorbei. Durch die Mediatisierung wurde der Adel, auch der Reichsgraf von Castell, unter die Gewalt des von Napoleon in den Königsstand gehobenen Friedrich I. von Württemberg gestellt, mit dem der Malefizschenk Jahre zuvor noch als quasi Gleichgestellter im Reichstag gesessen war. Dagegen wehrte er sich natürlich energisch und erfolglos. Mit Sicherheit als Revanche auf die Unabhängigkeitsbestrebungen des Grafen strengte die württembergische Regierung ein Gerichtsverfahren gegen den Malefizschenken an, da »sich nur zu deutlich offenbaret, daß bei der Verwaltung der Criminaljustiz zu Oberdischingen würklich schreiende Ungerechtigkeiten und über alle Begriffe gehende Unordnungen, Willkürlichkeiten und Verzögerungen vorgegangen«. Die Anstalt schloß man, die Häftlinge wurden teils abgeschoben (wenn es sich beispielsweise um Schweizer handelte), teils in württembergische Zuchthäuser verbracht.

Daß die Vorwürfe an den Haaren herbeigezogen waren, war klar, genauso, was sie bezweckten, und der Graf wehrte sich, jahrelang, Punkt für Punkt. Schließlich endete der Prozeß mit einem Freispruch, der allerdings nur ein halber war, denn die Kosten des Verfahrens in Höhe von 300 Gulden hatte der Malefizschenk dennoch zu tragen, was in seinen Augen eben doch einem indirekten Schuldspruch gleichkam. Immer wieder, selbst als achtzigjähriger Greis, hat er noch versucht, die Aufhebung des Urteils zu bekommen. Sein letztes Gesuch an den König endete mit dem Satz: »Sire, um diese einzige, der Gerechtigkeit so nahe verwandte Gnade bittet Euer Majestät ein Greis, der an seine noch wenigen Lebensjahre keinen höheren Werth setzt, als nicht abgewürdigt bei seinen Nachkommen zu erscheinen.«

Er hat auf dieses Gesuch keine Antwort mehr erhalten und hat im Jahr 1817 schließlich seine »Strafe« bezahlt. Vier Jahre später ist der Malefizschenk verbittert in Oberdischingen gestorben.

Ein Märtyrer
für Gewaltfreiheit

Ausgerechnet über eine Gedenktafel zu schreiben, die in der evangelischen Stadtkirche der katholischen Bischofsstadt Rottenburg angebracht ist, mag gewagt erscheinen. Dennoch: Die grauenvollen Ereignisse, an die damit erinnert werden soll, sind weitgehend im Dunkel der Geschichte aufgegangen, vergessen, bewußt verdrängt worden. Die Tafel erinnert an Michael Sattler, »Täufer – Märtyrer, der am 20. Mai 1527 in Rottenburg mit seinem Blute seinen Glauben bezeugt hat«.

Michael Sattler, geboren um das Jahr 1490 in Staufen im Breisgau, war Anhänger und glühender Verfechter einer Glaubensrichtung, die sich in jener Zeit der Reformation und der großen Glaubens- und Staatskrisen fast explosionsartig ausbreitete, vor allem unter den einfachen Leuten, durchaus aber auch in kirchlichen Kreisen: Er war Mitglied der Täuferbewegung, die das »Evangelium der kleinen Leute« predigte, der staatlichen und erst recht der kirchlichen Ordnung damals äußerst kritisch gegenüberstand und die jegliche Gewaltanwendung gegen andere kategorisch verweigerte. »Wiedertäufer« oder »Täufer« wurden sie genannt, weil sie die Kindstaufe ablehnten als viel zu frühe Vereinnahmung eines Menschen von seiten der Kirche und sich selbst erst als Erwachsene in der Glaubenstaufe zu ihrer Bewegung bekannten, sich also noch einmal taufen ließen.

Gerade in der ersten Hälfte des 16. Jahrhunderts waren die Täufer in den Augen der Herrschenden zur Gefahr geworden, die es galt, gnadenlos und unbarmherzig zu bekämpfen. So

110

war in den Jahren 1534 und 1535 im westfälischen Münster sogar eine regelrechte Herrschaft der Wiedertäufer, »Königreich Zion«, entstanden, die militärisch bekämpft und schließlich vernichtet wurde. Doch trotz aller Gewalt und Verfolgung hat sich die Täuferbewegung über die Jahrhunderte hinweg gehalten, als mennonitische Freikirche (die auf den im 16. Jahrhundert lebenden friesischen Priester Menno Simons zurückgeht) vor allem in Nordamerika, wohin die verfolgten Täufer vielfach geflüchtet waren.

Es ist sicherlich kein Zufall, daß sich die Täuferbewegung gerade in Süddeutschland rasch ausbreitete, einem der Brennpunkte des Bauernkriegs, wo soziale Ungerechtigkeit und Herrscherwillkür die Menschen drückte und belastete. Michael Sattler war zur Zeit des Bauerkriegs Mönch im Kloster St. Peter im Schwarzwald und verhandelte mit den aufständischen Bauern des Klosters, deren Ansinnen und Argumente er schließlich so verinnerlichte, daß er beim Ende des Aufstands aus dem Orden austrat, eine ehemalige Nonne heiratete (zwei für die damalige Zeit ungeheuerliche Vergehen) und sich schließlich in Zürich der kurz zuvor entstandenen Täuferbewegung anschloß. Dort lernte er auch den Rottenburger Wilhelm Reublin kennen. Dieser veranlaßte ihn im Jahr 1526, in die vorderösterreichische Grafschaft Hohenberg zu reisen, wo die Bevölkerung den Lehren der Täufer aufgeschlossen gegenüberstand und zahlreiche Menschen sich nun dieser Glaubensrichtung anschlossen.

Während Reublin in Rottenburg (in aller Heimlichkeit) predigte und taufte, tat Sattler dieses in Horb und Umgebung. So beeindruckend müssen seine Predigten gewesen sein, daß die Zahl seiner Anhänger immens wuchs. Allein in einer Nacht, heißt es, hätten sich 29 Menschen im Neckar bei Horb von Michael Sattler taufen lassen.

Ein entscheidendes Datum in der Lebensgeschichte des Michael Sattler ist der 24. Februar 1527: An diesem Tag predigte er vor einer großen Schar von Täufern in Schleitheim im Kanton Schaffhausen. Aus jener Zeit stammt ein Dokument, das ihn zu einem der Stammväter der mennonitischen Freikirche werden läßt: das sogenannte »Schleitheimer Bekenntnis«, in dem geschrieben stand, daß Gewalt, Kriegsdienst und Staatsämter für die Täufer abzulehnen seien, daß sie vielmehr in einer heiligen Gemeinde friedlich zusammenleben wollten, in einer Gemeinde, die ihre Priester (ihre »Hirten«) selbst wählen sollte. Dieses »Schleitheimer Bekenntnis« verbreitete sich wie ein Lauffeuer in ganz Süddeutschland. Kein Wunder, daß die in Sorge geratene Obrigkeit nun mit allen Mitteln versuchte, die Führer der Täuferbewegung aufzuspüren und in Gewahrsam zu nehmen, denn diese Ziele, diese Aussagen standen den Herrschenden und ihren Interessen natürlich fundamental entgegen.

Kaum war Sattler von Schleitheim nach Horb zurückgekehrt, da wurde er auch schon von hohenbergischen Soldaten aufgespürt und mit zahlreichen Anhängern sowie seiner Frau verhaftet. Da aber Sattler in Horb selbst eine so große Resonanz für seine Sache unter der Bevölkerung gefunden hatte und die Obrigkeit einen Aufstand befürchtete, verlegte man die Gefangenen nach Binsdorf, bewacht vom Landeshauptmann selbst, vom Grafen Joachim von Zollern – ein Indiz dafür, wie ernst man die Wiedertäufer mittlerweile nahm, wie groß die Gefahr schien, die von ihnen auszugehen drohte. Michael Sattler war sich des Ernstes seiner Lage während der Gefangenschaft in Binsdorf wohl bewußt, dies geht aus seinem »Trostbrief« hervor, den er aus dem Gefängnis an seine Gemeinde nach Horb übermittelte: »Dieser Brief soll ein Abschied sein mit euch allen. Ich hätte wohl begehret, daß ich noch eine kleine Zeit des Herrn Arbeit geschaffet hätte ... Gott sei mit Euch allen. Amen.«

Er hatte richtig vermutet: Die vorderösterreichische Regierung in Innsbruck kannte keine Gnade. Das politische Gewicht der Täufer war, ohne daß sie zunächst Politiker hatten sein wollen, viel zu groß geworden. Mit seinen Aussagen und

Handlungen hatte Sattler die ganze festgefügte und vorgegebene Ordnung in Frage gestellt. Erzherzog Ferdinand verfügte, die Täufer vor Gericht zu stellen, mit dem Ziel der Hinrichtung. Wenige Tage vor dem Gerichtstermin wurde Sattler deshalb samt seinen Mitgefangenen unter schärfster Bewachung ins Rottenburger Gefängnis verlegt, wiederum überwacht vom Landeshauptmann persönlich, der auch in Rottenburg eine aufgebrachte Bevölkerung konstatierte, die nur allzugern ihren Prediger wieder befreit hätte.

Am 17. Mai 1527 schließlich fand die Verhandlung statt, deren Ausgang zu Beginn bereits feststand. Dennoch gab es einen erregten Disput zwischen dem Ankläger und Sattler, der seine Verteidigung selbst übernommen hatte. Weshalb er aus dem Kloster ausgetreten sei? Weil der »Mönchsstand ein unchristlicher, betrüglicher und gefährlicher« sei, wegen dem »Leben und Treiben der Pfaffen, ihrer Pracht, Täuscherei, ihrem Wucher und großer Hurerei«. Natürlich habe er die Menschen aufgefordert, keinen Türken zu töten, und wenn die türkischen Soldaten das Reich noch so sehr bedrohten: »Du sollst nicht töten!« Es stimme auch, daß er gesagt habe: »Falls Kriegen doch rechtens sei, dann wolle er lieber gegen die scheinbaren Christen ziehen, die die wirklichen Christen verfolgen und töten. Der Türke weiß nichts vom christlichen Glauben, er ist ein Türk nach dem Fleisch. Ihr aber wollt Christen sein und seid Türken nach dem Geist!«

Ungeheuerliches wurde da dem um Fassung ringenden Ankläger an den Kopf geworfen. Ein »verzweifelter Bösewicht und Erzketzer« sei dieser Sattler, den er am liebsten selbst am nächsten Baum aufknüpfen wolle.

Das Urteil war vorhersehbar und eindeutig – der Angeklagte wurde dem Henker übergeben: »Dieser soll ihn auf den Marktplatz führen und ihm allda zuerst die Zunge abschneiden, danach ihn auf einen Wagen schmieden, ihm zweimal mit einer eisernen, glühenden Zange zuleibe rücken, danach seinen Leib als den eines Erzketzers zu Pulver verbrennen.«

Und der zum Tode Verurteilte? Der habe, berichtet die Chronik, den bestialischen Richterspruch »fröhlich und beherzt« angenommen.

Schon drei Tage nach der Gerichtsverhandlung wurde das Urteil vollstreckt, der »Ketzer« den festgelegten Martern und Qualen ausgesetzt und schließlich auf dem Scheiterhaufen, an eine Leiter gebunden, verbrannt. Doch als die Flammen schon an seinem Leib hochschlugen, als der Gefolterte vom Qualm des Feuers fast verhüllt war, als die Stricke, mit denen seine Hände gefesselt waren, durchbrannten, da konnte er noch einmal die Finger bewegen und seinen Freunden ein Abschiedszeichen geben, mit dem er in der Minute seines Todes noch vor aller Augen seine Standhaftigkeit beweisen wollte. Und seine Mitgefangenen? Vier von ihnen wurden öffentlich enthauptet, Sattlers Frau und drei weitere Frauen wurden, nachdem sie das Angebot abgelehnt hatten, öffentlich den Täufern abzuschwören und so dem Tode zu entgehen, im Neckar ertränkt. Zynisch soll dazu der Erzherzog bemerkt haben: »Zweimal haben sie sich schon taufen lassen – aber aller guten Dinge sind drei, nun taufen wir sie im Neckar ein drittes Mal!«

Drei Jahre später hat dann auch der letzte »Ketzer« der Täuferbewegung in Rottenburg abgeschworen. Ihm und seinen ehemaligen Gesinnungsgenossen brannte man das Teufelszeichen in die Stirn, dann jagte man sie davon. Auf diese Weise endet das Kapitel der Täuferbewegung in der Stadt Rottenburg am Neckar.

Paradebeispiel
aus der Gründerzeit

Nein, das Pulver hat er nicht erfunden, auch wenn man es fast glauben möchte, bei seinem Lebenslauf. Doch immerhin: Verbessert hat er es und gewinnbringend vermarktet, der Fabrikant Max Duttenhofer aus Rottweil. Eine wunderschöne, repräsentative Villa hat er sich Ende des vorigen Jahrhunderts direkt an der Königstraße erbauen lassen, mit vielen wertvollen Intarsienböden, Kassettendecken, Wandbemalungen und der prachtvollen Nachbildung eines römischen Orpheusmosaiks in der alten Römerstadt Arae Flaviae (Rottweil).

Zwar teilt die einst herrschaftliche Neureichen-Villa des 19. Jahrhunderts das Schicksal vieler solcher Gebäude in der heutigen Zeit und dient nun, weniger würdevoll, als Café und Restaurant – dennoch verspürt der Besucher (vorausgesetzt zumindest, er versucht es) etwas vom offenbar grenzenlosen Reichtum und vom Lebensgefühls des Rottweiler Großbürgers. Max Wilhelm Duttenhofer wurde später sogar, ganz dem Zug der Zeit entsprechend, vom württembergischen König in den persönlichen Adelsstand versetzt und durfte sich fortan Geheimer Kommerzienrat von Duttenhofer nennen. Das war schon etwas: Haus, Geld, Adel und Titel, die sichtbaren Errungenschaften von einem, der es zu etwas gebracht hatte.

Dabei hatte alles so bescheiden begonnen: Als ältester Sohn des Apothekers Wilhelm Heinrich und seiner Frau Thessaline geboren, die beide nicht einmal aus Rottweil stammten (was in der ehemaligen Reichsstadt mit ihrem Bürgerstolz zunächst einmal ein ernstzunehmendes Karrierehindernis dar-

115

stellte), im Jahr 1843 geboren, verlor er schon im Alter von elf Jahren den Vater. Der hatte zwei Jahre zuvor Anteile an der größten Rottweiler Pulvermühle, Flaiz & Linsenmann, erworben, nachdem der Mitinhaber Linsenmann verstorben war. In die Geschäftsführung der neuen Firma Flaiz & Duttenhofer trat nach dem Tod ihres Mannes Thessaline Duttenhofer ein; nach dem Ausscheiden des Mitgesellschafters Flaiz führte sie die Pulvermühle alleine weiter. Nach dreijähriger Lehrzeit an einer Ulmer Apotheke, die ihm die Übernahme der väterlichen Apotheke ermöglichen sollte, interessierte sich der junge Max bald mehr für's Pulver und die damit verbundenen chemischen Effekte. Am Stuttgarter Polytechnikum, der heutigen Universität, bildete er sich in Sachen Sprengstoff weiter und trat im Alter von gerade zwanzig Jahren als Leiter in die Rottweiler Pulvermühle ein.

Zunächst türmten sich vor ihm die Schwierigkeiten: Zwei Pulvermühlen gehörten der Familie zwar, doch mußte die ältere stillgelegt werden, und nach ihrer Wiederinbetriebnahme explodierte sie. Ein Wiederaufbau kam nicht mehr in Frage, da sich mittlerweile die neueröffnete benachbarte Neckartalbahn dagegen wehrte. Nur zwei Wochen später flog die zweite Pulvermühle in die Luft (was in jenen Zeiten aufgrund der schlechten Produktionsbedingungen gang und gäbe war, deshalb baute man Pulvermühlen grundsätzlich in einiger Entfernung vom nächsten Ort). Duttenhofer stand praktisch vor dem Nichts. Doch zäh und energiegeladen arbeitete er sich wieder nach oben, mit einer Handvoll Leuten und dem Willen, es zu schaffen. Unverhofft kam ihm dabei, so zynisch das für unsereinen klingen mag, das Glück in Form des Krieges 1870/71 zu Hilfe. Der Umsatz florierte mit einem Schlag, und schon 1871 war es ihm möglich, zwei weitere kleine Pulverfabriken zu erwerben. »Pulverfabrik Rottweil« hieß nun das Unternehmen, und der Lebenslauf, der nun folgt, ist exemplarisch für die Unternehmer jener Zeit, die mit Dickschädel und kräftigen Ellbogen, verbunden mit Beziehungen,

einer gehörigen Portion Skrupellosigkeit und dem nötigen Quentchen Glück, einen kometenhaften Aufstieg schafften.

Weil in Rottweil der Neckar noch nicht schiffbar war und ist, andererseits aber Wasserstraßen für den erschütterungsfreien Transport von Schießpulver hervorragend geeignet waren, pachtete Duttenhofer im Jahr 1877 von keinem geringeren als dem Fürsten Bismarck (mit dem ihn später eine richtige Freundschaft verband) ein Grundstück an der Elbe und baute dort die Pulverfabrik Düneberg, geleitet von seinem Bruder Karl. »Pulverfabrik Rottweil-Hamburg« hieß fortan sein Unternehmen und ließ schon größeres ahnen: Tatsächlich kaufte man schnell fünf weitere Pulvermühlen auf und errichtete Verkaufskontore in Hamburg und Belgrad.

Doch das sollte noch längst nicht alles gewesen sein: Ein neues, ein besseres Schießpulver wollte Duttenhofer erfinden. Die Kaliber der Geschütze sollten vergrößert werden, was mit dem althergebrachten, bis dahin in seiner Zusammensetzung kaum veränderten Pulver des Mönches Schwarz nicht möglich war. Also experimentierte der Mann aus Rottweil nach Leibeskräften, verbesserte, verfeinerte, mischte unentwegt und brachte schließlich dank der Mithilfe der Essener Waffenschmiede Krupp das sogenannte »braune prismatische Pulver C 82« auf den Markt, das dem herkömmlichen Schwarzpulver weit überlegen war: weniger Schwefel, weitaus geringere Rauchentwicklung, weniger feuchtigkeitsempfindlich mit noch größerer Energieentfaltung, geeignet für noch leistungsfähigere Geschütze, in jenen Zeiten der wahnwitzigen Hochrüstung auf den Ersten Weltkrieg hin ein revolutionärer Fortschritt.

Der wirtschaftliche Erfolg ließ nicht lange auf sich warten, doch mit einem klugen Schachzug vervielfachte Duttenhofer sogar noch seinen Gewinn. Die »Vereinigten rheinisch-westfälischen Pulverfabriken« mit Sitz in Köln nämlich waren an der Entwicklung eines ähnlichen Pulvers beteiligt gewesen. Um nun seinem Pulver und seiner Produktion keine womöglich ruinöse Konkurrenz mit Billigpreisen durch die verschiedenen Anbieter zu machen, schloß Duttenhofer mit der Konkurrenz einen Vertrag, der besagte, daß alle Aufträge auf Militärpulver, die beide Firmen erhielten, grundsätzlich auf gemeinschaftliche Rechnung ausgeführt werden sollten – ein Industriekartell also, das sich gegenseitig hohe Preise garantierte, den Gewinn teilte und Konkurrenz ausschloß. Ein Leckerbissen für das Bundeskartellamt, wenn es dieses damals schon gegeben hätte!

Aber auch das war nicht genug – der Rottweiler Pulverfabrikant wollte ein noch besseres Pulver, jetzt auch für kleinere Kaliber. Im Herbst 1884 konnte er der staunenden Kommission des Kriegsministeriums das neue Schießpulver »R.C.P.« (Rottweiler chemisches Pulver) vorstellen. Die Treffsicherheit vor allem war es, die sich dank dieses Pulvers erzielen ließ, die schließlich überzeugte, verbunden mit wesentlich geringerem Gewicht. Das Patronenvolumen konnte verkleinert werden, ein Soldat war folglich in der Lage, künftig die doppelte Menge an Patronen zu transportieren. Ähnliches galt für alle anderen Munitionstransporte. Was folgte, war der nächste Großauftrag des Kriegsministeriums, eine neue Fabrik konnte dafür in Rottweil erbaut werden.

In der Zwischenzeit schluckte das Duttenhofersche Imperium sogar die »Vereinigten Rheinisch-Westfälischen Pulverfabriken« und wurde künftig unter der Bezeichnung »Vereinigte Köln-Rottweiler Pulverfabrik« fortgeführt, deren Aufsichtsratsvorsitzender – natürlich – kein anderer als Max Duttenhofer wurde. Mit aller Herren Länder trieb er Handel, mit der Türkei genauso wie mit Argentinien, Serbien, Mexiko, Peru. Er produzierte in St. Petersburg, wo er die »Russische Gesellschaft für Pulverfabrikation« gründete, in London gehörte ihm die »Chilworth Gunpowder Company«, im holländischen Muiden die Pulverfabrik, und selbst in Japan errichtete er im Auftrag des dortigen Kaiserhauses einen Betrieb.

Soldaten in aller Welt schossen so mit Munition, die Max Duttenhofer erfunden, produziert und verkauft hatte. Millionenfach wurden die Patronen gegnerischer Soldaten vom Pulver made in Rottweil durch den Lauf gejagt, auf beiden Seiten, Tausende tödlicher Schüsse wurden damit abgegeben, tausendfach konnten Getroffene den Patronentreibstoff nicht mehr zünden, weil sie Sekundenbruchteile zu spät mit dem Finger am Abzug waren. Das Geschäft florierte, Duttenhofer war bei den Militärs im In- wie im Ausland ein gefragter und gern gesehener Mann, überhäuft mit Orden und Auszeichnungen, Aufsichtsratssitzen (zeitweise bis zu 22) und Ehrenämtern. Nebenher erfand er Düngemittel, züchtete Trauben, Fleckvieh und Fische und gründete in Rottweil eine Sektkellerei.

Als er im August 1903 völlig unerwartet starb (die offizielle Version in allen Chroniken nennt als Todesursache Herzschlag – in Wirklichkeit spielte Duttenhofer die tragische Hauptrolle in einem Liebesdrama, in dessen Verlauf er einem Pistolenschuß zum Opfer fiel, was seine Nachfahren aber, die wahren Tatsachen perfekt beiseite schiebend, bis auf den heutigen Tag verschleiern konnten), hinterließ er ein Imperium, dessen Produktion zehn Jahre später auf den ersten schrecklichen Höhepunkt hinproduzieren konnte: den Ausbruch des Ersten Weltkriegs, der vier Jahre danach mit der Kapitulation des deutschen Reiches gleichzeitig das – vorläufige – Aus für die Rottweiler Pulverproduktion bedeutete.

Die Anfänge der
französischen Fremdenlegion

Ob hier wohl noch Dornröschen wohnt? Fast könnte man es vermuten, mitten in Hohenlohe, zwischen Künzelsau und Rothenburg ob der Tauber, nahe an der Grenze zwischen Schwaben und Franken. Nur eine Sackstraße führt ins ehemalige Residenzstädchen Bartenstein hinein, das heute Ortsteil des Dorfes (!) Schrozberg ist. Weltabgeschieden liegt es da auf einem Bergsporn über dem Tal, eine richtige kleine Residenz, in die der Weg durch einen Torbogen führt. Kleine Häuser, erbaut für die früheren Bediensteten, reihen sich geduckt an die Kiesstraße, die schnurstracks auf den Mittelpunkt des Städtchens, auf das repräsentative Residenzschloß der Fürsten zu Hohenlohe-Bartenstein, zuläuft. An den Gebäuden und am einst prächtigen Brunnen nagt unverkennbar der Zahn der Zeit; Putz blättert ab, Gras wuchert die zaghaften Renovierungsversuche der letzten Jahre rasch wieder zu. Die große, direkt an das Schloß angebaute Kirche, innen wie außen sehenswert, verfügt über acht Uhren auf ihrem gedrungenen Kirchturm; die Hälfte davon ist stehengeblieben, auf jeder Seite eine, jede auf ihre Art und Weise, zu ihrer Zeit.

Doch, es könnte das Schloß sein, in dem Dornröschen ihrem Prinzen entgegenschlummert.

Stolz sind die Bewohner von Bartenstein allem Anschein nach noch immer auf ihr Städtchen und ihren Fürsten. Warum auch nicht? Auf die Frage, ob denn hier im Schloß überhaupt noch ein Fürst wohne, kommt prompt die Antwort:

121

»Aber natürlich – und sogar Prinzen hat er.« Rund zweihundert Jahre nach der ersten urkundlichen Erwähnung derer von Bartenstein haben die Grafen von Hohenlohe Herrschaft und Schloß Bartenstein gekauft, und seitdem, seit Ende des 15. Jahrhunderts, wohnt eine Linie des Hauses Hohenlohe, eben die mit dem Zusatz »Bartenstein«, in ununterbrochener Folge hier oben auf dem Bergsporn über dem Ettetal.

Ihre bauliche Ausgestaltung, so wie sie heute noch zu sehen ist, haben Schloß, Kirche und Residenz Bartenstein im 18. Jahrhundert erfahren, erst vom Grafen Philipp Carl zu Hohenlohe-Bartenstein, »kaiserlicher und des Reichs Kammerrichter«, dann von seinem Sohn mit umgedrehten Vornamen, Carl Philipp, der von Kaiser Franz gar in den Stand eines Reichsfürsten erhoben wurde. Der nächste Fürst, Leopold, hat Bartenstein dann endgültig zur Residenz ausgebaut. Er leistete sich sogar eine eigene Hofkapelle und ließ in seinem Musikpavillon regelmäßig zeitgenössische Musikstücke aufführen. Als einer der ersten brachte er beispielsweise seinen Gästen eine neue Oper, nämlich Mozarts »Zauberflöte«, zu Gehör. Nun brach die sicherlich prunkvollste Zeit in dem abgelegenen Winkel von Hohenlohe an, Kultur und Politik, sogar im internationalen Maßstab, wurden hier gepflegt, während der Französischen Revolution bot Bartenstein gar vorübergehend Exil für die Armee des Bourbonenprinzen Condé; zahlreiche Flüchtlinge aus Frankreich fanden Unterschlupf, die Herrschaft stellte sich eindeutig auf Seiten der Bourbonen, gegen Napoleon und so später auch gegen Württemberg, was sie schließlich die Unabhängigkeit kostete – Württemberg nahm, unterstützt durch Napoleon, mit militärischer Gewalt im Jahr 1806 Besitz von der Herrschaft und verleibte Bartenstein seinen Ländereien ein.

Doch gerade in jenen unruhigen Jahren lebte der sicher bekannteste Fürst von Bartenstein, von dem heutzutage mancher nicht ganz zu Unrecht sagt, er sei als einer der Urväter der französischen Fremdenlegion zu betrachten: Fürst Ludwig Aloysius zu Hohenlohe-Waldenburg-Bartenstein. Ein klangvoller Name, doch das war längst nicht alles. Die Orden, Auszeichnungen und Ehrungen, die dieser »Landsknecht im Fürstenrang« im Lauf seines vierundsechzigjährigen Lebens einheimste, muß man sich einmal auf der Zunge zergehen lassen: Ritter des kurpfälzischen Sankt-Hubertus-Ordens, Generalmajor des fränkischen Kreises, Ritter vom französischen Sankt-Ludwigs-Orden, Großmeister der k. u. k. Artillerie, erblicher österreichischer Kammerherr, Feldzeugmeister der österreichischen Artillerie, Ritter des russischen Sankt-Annen-Ordens, Ritter des kurhessischen Löwenordens, Ritter des Großkreuzes des französischen Sankt-Ludwigs-Ordens, Kommandeur des Sankt-Michael-Ordens, Kommandeur des Heilig-Geist-Ordens, Offizier der Ehrenlegion, französischer Ehrenbürger, Pair von Frankreich, Graf und Schloßherr zu Lunéville, französischer Regimentskommandeur mit dem Recht, das Regiment nach seinem Namen zu benennen (Regiment Hohenlohe – und das mitten in Frankreich!).

Ob er wohl, ohne zu stocken, all diese Ehrungen und Auszeichnungen hätte hersagen können? Zweifel daran sind erlaubt. Tatsache jedoch ist, daß es sich beim Fürsten Aloysius wirklich um einen engagierten Soldaten und Offizier gehandelt hat, der in den Diensten der verschiedensten Herren stand, fast nach dem bekannten Motto »Wes Brot ich ess', des Lied ich sing'«. So begann er seine Ausbildung bei den fränkischen Truppen der Reichsarmee, ging anschließend nach Bayern und kämpfte nach Ausbruch der Französischen Revolution auf der Seite der Bourbonen als Oberbefehlshaber des Bartensteinischen Jägerregimentes gegen die Revolutionäre. Von 1792 bis 1794 machte sein Regiment in der Armee des Prinzen Condé sämtliche Schlachten und Scharmützel mit, bis Ludwig Aloysius samt seinen Soldaten 1794 in holländische Dienste überwechselte und hier weiter gegen die Revolutionstruppen zu Felde zog. Als Oberst wechselte er noch im selben Jahr ins österreichische Militär und kämpfte weiter wacker gegen den Feind aus Frankreich, wenngleich auch nach wie vor auf verlorenem Posten.

Da seine Tapferkeit und sein Engagement auch den Gegnern nicht verborgen geblieben waren, schickte Napoleon zweimal Unterhändler mit dem Angebot, künftig auf Seite der Franzosen in einem in seiner Existenz gesicherten Fürstentum Bartenstein weiterzukämpfen. Doch Fürst Aloysius lehnte ab, er fühlte sich als deutscher Reichsfürst, nicht als einer von Napoleons Gnaden. So kam es, daß sein Fürstentum im Gegenzug mediatisiert und dem Königreich Württemberg einverleibt wurde.

Weiter focht er gegen die napoleonischen Truppen, bis er sich mit einemmal doch auf der Seite der Franzosen wiederfand, da das militärisch unterlegene Österreich Hilfstruppen für Napoleons Rußlandfeldzug bereitzustellen hatte. Noch im Jahr 1812 aber wendete sich das Blatt; Napoleons Armee erlebte im winterlichen Rußland bekanntlich eine Katastrophe, und der Fürst von Bartenstein konnte wieder mit Vehemenz gegen seinen alten Gegner vorgehen, immer noch in österreichischen Diensten.

Nach der doppelten Niederlage Napoleons nahm der neu eingesetzte französische König Ludwig XVIII. Kontakt mit dem wackeren Fürsten auf, verbunden mit der Bitte, in französische Dienste überzutreten und ihn beim Neuaufbau seiner Armee zu unterstützen. Im Juni 1816 nahm Ludwig Aloysius zu Hohenlohe-Waldenburg-Bartenstein das Angebot an, wurde in Ehren in die französische Armee (gegen die er jahrzehntelang gekämpft hatte) aufgenommen und ausgestattet mit dem Rang eines Generalleutnants. Aus Dank erhielt er vom König gleichzeitig das Schloß von Lunéville geschenkt nebst der Erlaubnis, sein eigenes Regiment, die Legion Hohenlohe, aufzustellen. Diese formierte er aus den Resten von acht ehemals napoleonischen Fremdregimentern mit Soldaten aus dem deutschen Reich, aus der Schweiz und aus Polen, die nicht mehr in ihre Heimatländer zurückkehren wollten, insgesamt 2450 Mann. Acht Jahre später bereits hatte er sich im militärischen Dienst wieder so hervorgetan, daß der König ihn nunmehr zum französischen Ehrenbürger, zum Pair von Frankreich, und gleichzeitig zum Grafen von Lunéville ernannte, 1827 sogar zum Marschall von Frankreich.

Als Fürst Ludwig Aloysius am 21. Mai 1829 starb, wurde er mit großen militärischen Ehren auf dem Pariser Soldatenfriedhof beigesetzt. Seine Soldaten aus dem Regiment Hohenlohe aber erhielten das Angebot, die französische Staatsbürgerschaft anzunehmen und in ein französisches Regiment überzuwechseln. Mit denjenigen, die keine Franzosen hatten werden wollen, wurde der Grundstock der französischen Fremdenlegion gebildet, mit den Soldaten aus dem Regiment des Fürsten Hohenlohe-Bartenstein.

Deutsch-deutsches Zwillingsschicksal

Auf Schritt und Tritt begegnet sie einem in Sigmaringen: die – je nach Standpunkt des Betrachters – mehr oder weniger glanzvolle Vergangenheit des Städtchens an der Donau. Da ist das riesige Schloß der Hohenzollern, da sind an allen möglichen und, wie mir scheint, auch unmöglichen Stellen Hinweise auf das fürstlich-hohenzollerische Haus, dessen Hofbäcker, Drucker oder Apotheker ein längst verblichener Vorfahr einmal gewesen ist, dessen Andenken aber bis auf den heutigen Tag – in erster Linie wegen der offensichtlichen Marktvorteile im Wettrennen um die Gunst der hochgeschätzten Kundschaft – hochgehalten wird.

Besonders reizvoll und geschichtsträchtig ist der Sigmaringer Friedhof mit den Grabsteinen der hier bestatteten fürstlich-hohenzollerischen Würdenträger. An der Kirchhofsmauer haben sie die Jahrhunderte überdauert, die Denkmale für die verblichenen Sigmaringer, die sich Verdienste um Stadt, Kleinstaat und Herrscherhaus erworben hatten, die Medizinalräte, Forstleute, Pfarrer, Juristen, Verwalter, Soldaten und – die Brüder Knoll. Auf zwei kleinen schwarzen Marmortäfelchen an der Friedhofsmauer wird ihrer noch immer gedacht: »Sebastian Knoll, K. K. österreichischer Major a. D., geb. 20. 1. 1803, gest. 4. 7. 1901.« Und: »Fabian Knoll, königl. preußischer Hauptmann, geb. 20. 1. 1803, gest. 17. 5. 1894.«

Die Zwillinge Fabian und Sebastian Knoll also sind hier begraben worden, zwei Soldaten aus einfachen Verhältnissen, aufgewachsen im gerade erblühten Fürstentum Hohenzol-

126

lern-Sigmaringen, dem Zwergstaat von Napoleons Gnaden. Die Lebensgeschichte der Zwillingsbrüder Knoll ist gleichzeitig ein Stück Zeitgeschichte des 19. Jahrhunderts, ein deutschdeutsches Schicksal zu einer Zeit, in der dieser Begriff noch gar nicht im heutigen Sinn geprägt war.

Der Ministaat Hohenzollern verfügte – wie könnte es in der damaligen Zeit anders sein – auch über Militär. Zusammen mit Württemberg, Baden und Hessen-Nassau bildete man das 8. Armeekorps des deutschen Bundes. Eine Armee, die nicht gerade sehr bedeutend genannt werden kann – aber immerhin: eine Armee.

Zurück zu den beiden Brüdern. Von ihrem Vater, dem Hirschwirt aus Sigmaringen, einem praktisch denkenden Mann, wurden sie Fabian und Sebastian genannt, weil diese beiden die Tagesheiligen des 20. Januar darstellen. Die Zwillinge, die sich zum Verwechseln ähnlich sahen, wuchsen im Lauf der Jahre zu strammen jungen Burschen heran. Eines Tages fielen sie einem Grafen aus Salzburg ins Auge, der gerade zur Kur in Sigmaringen weilte. Sympathisch waren ihm die beiden Lausbuben auf den ersten Blick, und deshalb erbot er sich, die Erziehung der beiden hoffnungsvollen Sprößlinge des Hirschwirts fortan in die gräfliche Hand zu nehmen.

Gesagt – getan, und weil der Militärdienst damals der Erziehung hoffnungsvoller Jünglinge als besonders förderlich galt, wurden beide bald darauf als Rekruten in ein österreichisches Jägerbataillon gesteckt. Anscheinend hat es ihnen beim Militär ganz gut gefallen; so gut, daß es die beiden bürgerlichen Soldaten sogar bis zu Offiziersanwärtern in der österreichischen Armee brachten. Doch nun kam das Jahr 1840. Ihr Heimatland Hohenzollern stellte in diesem Jahr ein eigenes leichtes Jägerbataillon zusammen – unbedeutend, aber immerhin. Dieses brachte auch das vorläufige Ende des gemeinsamen Lebensweges der beiden Brüder Knoll, denn der eine, Fabian, kehrte der österreichischen Armee daraufhin den Rücken und trat als Leutnant in das hohenzollerische Bataillon ein, während der Sebastian weiter bei den Österreichern seinen Militärdienst versah.

Nur zehn Jahre später, 1850, war's schon Schluß mit dem hohenzollerischen Bataillon: Nach den Unruhen in der deutschen Revolution und dem Anschluß der Fürstentümer Hohenzollern-Sigmaringen und Hohenzollern-Hechingen an die mächtigen Vettern aus Preußen wurde es aufgelöst, und der Leutnant Fabian Knoll hatte einen weiten Weg anzutreten: In Magdeburg verrichtete er künftig seinen Militärdienst und brachte es dort im preußischen Regiment sogar bis zum Hauptmann, während der Sebastian – nach wie vo r bei der k. u. k. österreichischen Armee – in der Zwischenzeit ebenfalls zum Hauptmann avancierte. Gottlob jedoch waren sie im Jahr 1866, beim Ausbruch des preußisch-österreichischen Krieges, bereits 63 Jahre alt und infolge ihres Alters pensioniert, denn sonst hätte es durchaus passieren können, daß sich die beiden Aug' in Aug' mit schußbereiter Flinte gegenübergestanden wären, und das hätte durchaus nicht gut enden können. So aber sahen sie, als rüstige Rentner in ihre Heimatstadt Sigmaringen zurückgekehrt, die Auseinandersetzung zwischen ihren beiden ehemaligen Brötchengebern aus geruhsam-sicherer Distanz und freuten sich, daß ihnen zum Abschluß der Karriere dieser Konflikt erspart geblieben war.

Wie einst in der Jugend kleideten sich die beiden übrigens grundsätzlich gleich, sahen einander nach wie vor zum Verwechseln ähnlich und machten sich das eine oder andere Mal auch ihren Spaß daraus. Gewohnt haben die beiden eingefleischten Junggesellen äußerst sparsam in einer Einzimmerwohnung in Sigmaringen, bescheiden, so wie es ihre nicht gerade üppigen Pensionen (in diesem Punkt wenigstens scheinen sich Preußen und Österreich praktisch nicht unterschieden zu haben) eben zuließen. Ein Unterscheidungsmerkmal hat es aber doch gegeben: Der von der preußischen Armee gedrillte Fabian hatte sich im Lauf der Jahre einen etwas zakkigeren, schnelleren Schritt angewöhnt als sein Bruder Seba-

stian, der's eher österreichisch-gemütlich angehen ließ. Doch das hat beide nicht weiter gestört; auch beim jährlichen Marsch an den Bodensee ins österreichische Bregenz haben sie durchaus ein gemeinsames Tempo eingeschlagen. Dieser jährliche Marsch war notwendig, weil der Sebastian als ehemaliger österreichischer Offizier sich zur Aufrechterhaltung seiner Pensionsansprüche mindestens einen Monat im Jahr in Österreich aufzuhalten hatte – also weshalb nicht jedes Frühjahr gemeinsam mit Bruder Fabian als Urlauber in Bregenz? Über dreißig Jahre haben die beiden so gemeinsam glücklich und fidel gelebt. Am 20. Januar 1893 feierten sie bei bester Gesundheit in ihrer Heimatstadt den 90. Geburtstag, und zwar nicht ohne den obligatorischen Hochzeitswalzer aufs Parkett zu legen – höchstpersönlich!

Ein Jahr darauf dann ist der Fabian überraschend gestorben, und den Sebastian, den österreichischen Hauptmann a. D., hat das natürlich schwer getroffen. Bedrückt am Grab des Bruders stehend, soll er gemurmelt haben: »So, Fabe, da haschs jetzt mit deine ewige lange Schritt. Ich hab dirs immer gesagt, Eile bringt einen bloß schneller ins Grab!«

Um einige Jahre hat der Sebastian seinen Bruder überlebt. Zwar mittlerweile ganz und gar taub geworden, doch geistig und körperlich immer noch auf der Höhe, erlebte er die Jahrhundertwende und eine ganz besondere Ehre von österreichischer Seite: Er wurde ehrenhalber noch zum Major befördert, »k. u. k. österreichischer Major Sebastian Knoll – aus Sigmaringen (Hohenzollern)«. Ganz Sigmaringen hat dann schon darauf spekuliert, dem Sebastian ein rauschendes Fest zum 100. Geburtstag auszurichten, doch dazu ist es nicht mehr gekommen: Am 4. Juli 1901 ist der Sebastian im gesegneten Alter von 98 Jahren seinem Bruder nachgefolgt und hat, wie der Fabian, an der Sigmaringer Friedhofsmauer ein ehrendes Andenken gefunden – der österreichische Major und der praußische Hauptmann, ein deutsch-deutsches Schicksal des 19. Jahrhunderts ...

Württembergische Insel
im Badischen

Es ist schon eine im wahrsten Sinn des Wortes reife Leistung, wenn eine über 600 Meter über dem Meeresspiegel gelegene Stadt stolz eigenen und dazu noch durchaus genießbaren Wein kredenzen kann. Zumindest in Süddeutschland gilt ein derartiges Unterfangen eigentlich als aussichtslos, und dennoch ist es den Tuttlingern jahrzehntelang gelungen, genau gesagt: bis zum 1. Januar 1969.

Da war's dann mit einem Schlag aus mit den Tuttlinger Weinbergen. Nicht daß eine Naturkatastrophe oder sonst ein Unglück dem Weinanbau urplötzlich den Garaus gemacht hätte, schuld war ein simpler Verwaltungsakt, das baden-württembergische Exklavengesetz, das über Nacht (»mit Wirkung vom 1. Januar 1969 an«) den Hohentwiel samt seiner Weinberge badisch machte und ins Gebiet der Stadt Singen eingemeindete.

Über den Hegau, »des Herrgotts Kegelspiel«, ist schon viel geschrieben worden, über die Felsennester auf den längst erloschenen Vulkanen wie über den Hohenkrähen, den Hohenstoffel und natürlich – vor allen anderen – den Hohentwiel, eine der größten Festungsruinen Deutschlands. Vor allem Viktor von Scheffels »Ekkehard« ist in die Literaturgeschichte des 19. Jahrhunderts eingegangen, genauso wie der tapfere Festungskommandant Konrad Widerholt, der mit seiner Mannschaft im Dreißigjährigen Krieg tatsächlich fünf Belagerungen überstand und maßgeblichen Anteil an der stolzen Tatsache hat, daß der Hohentwiel in seiner gesamten tausend-

131

jährigen Geschichte nie von Feindeshand erobert werden konnte. Also erübrigt es sich eigentlich, diese Geschichte zum wiederholten Male neu zu schildern. Konzentrieren wir uns lieber auf die erstaunliche Tatsache, daß der Singener Hausberg tatsächlich über 450 Jahre lang württembergisches Besitztum war und erst im Jahr 1969, nach zahlreichen Versuchen in der Vergangenheit, in die Gemarkung der Stadt an seinem Fuß eingegliedert werden konnte.

Die erste urkundlich erwähnte Belagerung des Hohentwiels datiert aus dem Jahr 915, in dem die Grafen Erchanger und Berchtold aus dem alten alemannischen Herzogsgeschlecht die Feinde erfolgreich abgewehrt haben. Im Jahr 1300 schließlich erwarben die Herren von Klingerberg Burg und Herrschaft Hohentwiel, einige Jahre später auch das Städtchen Möhringen, das – Pikanterie der Geschichte – bis zur Gemeindereform badisch war und dann dem württembergischen Tuttlingen einverleibt worden ist. Finanzielle und wohl auch familiäre Schwierigkeiten brachten die Klingenberger aber im 16. Jahrhundert in arge Bedrängnis, so daß sie Zug um Zug ihre Besitzungen verkaufen mußten: Möhringen an die Fürstenberger (womit sie indirekt dafür sorgten, daß Möhringen schließlich zum badischen Territorium geschlagen wurde), den Hohentwiel an den zeitweilig aus seinem Herzogtum verjagten Herzog Ulrich von Württemberg.

Dieser nutzte ab 1512 geschickt die Rivalitäten zwischen dem französischen König und dem deutschen Kaiser, bekam also dank seiner Parteinahme für Frankreich die nötige Unterstützung zum Kauf. Dennoch bezahlte er den Herren von Klingenberg den Kaufpreis von rund zehntausend Gulden im Jahr 1538 zunächst recht widerwillig und auch nur zur Hälfte.

Von diesem Zeitpunkt an war der Hohentwiel also württembergische Exklave im Hegau vor den Toren des Dorfes Singen und blieb auch nach der kampflosen Übergabe der

Festung am 1. Mai 1800 an französische Truppen exterritorial. Selbst die Schleifung der Mauern auf Geheiß von Napoleon Bonaparte persönlich im Winter 1800/1801 änderte nichts an dieser Tatsache, obwohl in Singen selbst in freudiger Erwartung der Inbesitznahme schon die Kirchenglocken geläutet wurden. Im Jahr 1850 schließlich kam der Hohentwiel samt der auf seiner Gemarkung stehenden württembergischen Krongüter an die nächstgelegene württembergische Stadt, eben an das 40 Kilometer entfernte Tuttlingen. Auch der enorme wirtschaftliche Aufschwung Singens änderte daran nichts, weder die großen metallverarbeitenden Betriebe, noch die Filaile des Schweizers Julius Maggi, die den Ort, dem am 11. September 1899 endlich vom badischen Großherzog die Stadtrechte verliehen worden waren, berühmt machten: Der Hohentwiel blieb württembergisch, mitten im Badischen.

Daß dies natürlich eine ganze Reihe pikanter Situationen heraufbeschwor, liegt auf der Hand. Sicher hat es die Singener grantenmäßig geärgert, daß der württembergische König im Jahr 1912 ein Bodenseeschiff ausgerechnet auf den Namen »Hohentwiel« taufen und dann auch noch zwei überdimensionale württembergische Wappen (»Furchtlos und treu«) am Rumpf anbringen ließ.

Der Arbeiterführer Heinrich Bebel konnte auf dem Hohentwiel während der Zeit der Sozialistengesetze vor den versammelten Arbeitern sprechen; die badische Polizei konnte nicht eingreifen, weil Bebel auf württembergischem Territorium stand, die württembergische Polizei wollte nicht. Der Gastwirt auf dem Hohentwiel hat die Tatsache des 40 Kilometer entfernten württembergischen Arms des Gesetzes im Hinblick auf die Überschreitung der Sperrstunde genauso weidlich ausgenutzt, wie es dem Singener Kaminfeger erst ab 1960 gestattet wurde, seinen Besen auch auf dem Hohentwiel zu schwingen. Nur nach dem Tod war aller Streit zwischen Badenern und Württembergern vergessen: Auch die verstorbenen Bewohner der Exklave Hohentwiel durften auf dem badischen Friedhof in Singen zur letzten Ruhe gebettet werden, gegen Bezahlung der entsprechenden Gebühr natürlich.

Dies alles ist nun durch das baden-württembergische Exklavengesetz am 1. Januar 1969 beseitigt worden – leider oder Gott sei Dank – je nach Standpunkt. Auf jeden Fall liegt Singen seither nicht nur am Hohentwiel; der Berg gehört den Singenern auch.

Und Tuttlingen? Tuttlingen ist seitdem keine Weinbaugemeinde mehr ...

Der Erfinder des Kerbholzes

Das Städtchen wirkt wie ein Rothenburg im Kleinen auf den Betrachter, liegt wie ein Märchenschloß über dem Tal, fast uneinnehmbar scheint es, genauso wie die gegenüberliegende, auf einem Bergsporn thronende Stöckenburg, die jahrhundertelang das Gebiet um Vellberg geschützt und bewacht hat. Vellberg bietet also nicht nur geschichtsinteressierten Zeitgenossen eine ganze Menge, sondern genauso jenen, denen es auf die äußeren Reize ankommt. Selten habe ich beispielsweise ein so perfekt »getarntes« Parkhaus in einer mittelalterlichen Stadt gesehen, verkleidet mit denselben Mauersteinen, aus denen auch die umliegenden Gebäude errichtet worden sind. Kurz: Der Gegensatz von 20. Jahrhundert und Mittelalter springt hier viel weniger ins Auge als in vielen anderen, angeblich so auf ihr Äußeres bedachten Orten. Ein besonderer Bau, der unterirdische Wehrgang, ist hier erhalten geblieben, übrigens der einzige in Süddeutschland, der noch heute begehbar ist.

Schon früh haben sich die Menschen auf den Bergen über dem Bühlertal angesiedelt. Auf dem Gebiet der späteren Stöckenburg bauten sich schon die Kelten eine Zufluchts- und Verteidigungsstätte. Später verlief hier die schwäbisch-fränkische Stammesgrenze, und so ist hier schon aus der Zeit vor 823 eine Burg bezeugt, ungewöhnlich früh. Zum Schutz gegen die Schwaben und ihre Übergriffe ließen die fränkischen Könige die Anlage errichten, zum Schutz der christianisierten Franken im Mulachgau stand sie hier, uneinnehmbar. Mitten auf ihrem Gelände befand sich eine Kirche, die Mutterkirche für diesen größten fränkischen Gau; von hier nahm die Christianisierung ihren Ausgang, vom Kocher bis Feuchtwangen, von den Limburger Bergen bis kurz vor Rothenburg.

Zu der Zeit, als es die adeligen Herren auf die Höhen trieb, als sie – etwa im 11. Jahrhundert – anstelle ihrer Holzhäuser steinerne Burgen bauten, dürfte dann auch die erste Vellberger Burg entstanden sein, aufgeführt von einem edelfreien Geschlecht derer von Vellberg, dessen Ursprünge freilich noch immer im Dunkeln liegen. Interessant auch, daß es nicht diese hochadlige Familie war, die dem Städtchen schließlich sein festungsartiges Gesicht gegeben hat; diese staufischen Parteigänger nämlich sind schon relativ früh im Haus Hohenlohe aufgegangen.

Vielmehr waren es niederadlige Ministeriale, die sich später auch »von Vellberg« nennen durften, die für die Geschichte der Stadt und der Umgebung ab dem zu Ende gehenden Mittelalter bedeutsam wurden. Konrad von Vellberg, den seine Untertanen kurz und knapp »Junker Kunz« genannt haben, war es, der die gewaltige Trutzfeste mit ihren acht Bastionen im Lauf des 16. Jahrhunderts ausbaute. Doch kaum hatte die bauliche Blüte seiner Stadt den Höhepunkt erreicht, da starb mit Konrad dem Erbauer im Jahr 1592 auch gleich das Geschlecht derer von Vellberg aus. Daß seiner noch Jahre danach von den Vellbergern in hohen Ehren gedacht wurde, hat einen einfachen Grund: Kurz vor seinem Tod entließ er seine Untertanen aus der Leibeigenschaft, »ihrer Pflicht aus christlichem, wohlmeinendem Gemüt«. Und immerhin machte sich 40 Jahre nach dem Aussterben derer von Vellberg der wehrhafte Ausbau zur Trutzfeste für die Einwohner des Städtchens mehr als bezahlt: 600 kaiserliche Reiter belagerten im Dreißigjährigen Krieg die Stadt, schafften es aber weder, in sie einzudringen, noch die Bewohner auszuhungern oder zur Kapitulation zu bewegen und zogen deshalb schließlich, ohne etwas erreicht zu haben, wieder davon.

Um den 1489 erbauten Torturm, ein gewaltiges Bollwerk am südwestlichen Eingang zur Stadt, den die Vellberger den Städtlesturm nennen, rankt sich eine nette Geschichte, die mit dem Glockentürmchen zu tun hat, das auf das Dach gesetzt ist. In längst vergangenen Zeiten habe sich ein adliges Fräulein beim Spaziergang im dunklen Wald verirrt und nicht mehr nach Hause gefunden. Erst als die Vellberger die Glocke des Städtlesturms geläutet hatten, habe sie den fernen Ton vernehmen und durch den Klang der Glocke schließlich den rechten Weg zurück aus dem Wald beschreiten können. Zum Andenken an die Errettung des verirrten Burgfräuleins hat man in Vellberg dann jeden Abend um dieselbe Zeit das Glöcklein geläutet, jahrhundertelang, bis es im Zweiten Weltkrieg heruntergeholt und in einer der Waffenschmieden des »Dritten Reiches« für Rüstungszwecke eingeschmolzen worden ist.

Seit mehreren Jahrzehnten wird in Vellberg das »Lügenbeutelfest« gefeiert, immer am Vorabend des 1. April, und zwar zum Gedenken an den legendären Pfarrer Sebastian Kerb, der vor mehr als 500 Jahren das lügenhafte und wenig tugendreiche Leben seiner Gemeindemitglieder mit tiefen Kerben im Beichtstuhl dokumentiert hat. An diesem Tag der reduzierten Wahrheit darf in Vellberg gelogen werden, daß sich die Balken biegen, und alljährlich wird ein anderer Zeitgenosse mit der zweifelhaften Würde eines »Ritters vom krummen Balken« belehnt. Und immer wieder wird an jenem Tag vom »hohen Lügenrat« höchstselbst die Geschichte erzählt, daß der Pfarrer Kerb als der Erfinder des Kerbholzes zu gelten habe, des Urmeters aller menschlichen Verirrungen. So mancher, der das Spektakel in Vellberg mitverfolgt hat, hat für bare Münze genommen, was ihm da aufgetischt worden ist in der Nacht zum 1. April ... Ein Blick aufs Datum hätte ihn eines besseren belehrt.

Die Schlacht
in der Zuckerfabrik

Wo gibt es noch eine Fabrik in Süddeutschland, auf deren Gelände Kavaliershäuser aus dem 18. Jahrhundert und eine Wallfahrtskirche zu bewundern sind? Die Rede ist von der ältesten noch arbeitenden Zuckerfabrik der Bundesrepublik in Waghäusel und ihrer wunderschönen Eremitage. Ausgerechnet an dieser Stelle, die heute von weitem einer Erdölraffinerie mehr gleicht als einer Zuckerfabrik oder gar einer kirchlichen Stätte, hatte der Speyerer Fürstbischof Matthias von Rammung in der zweiten Hälfte des 15. Jahrhunderts eine Kapelle im gotischen Stil erbauen lassen. Denn genau hier habe ein Schäfer, so sagt die Legende, fünfzig Jahre zuvor ein steinernes Marienbildnis auf einer Wiese gefunden, um das herum sich im Lauf der Zeit eine regelrechte Wallfahrt der Bevölkerung aus der weiten Umgebung entwickelt habe. Im 18. Jahrhundert schließlich fand der Fürstbischof Damian Hugo von Schönborn Gefallen an der Anlage und ließ sie großzügig zu seiner Sommerresidenz umbauen, mit prächtigem Jagdschloß, ausgedehnten Kellereien (natürlich!) und den erwähnten vier Kavaliershäusern für die Bediensteten, all dies im prächtigen, überschwenglich-prunkvollen Stil der Renaissance.

Die alte Wallfahrtskirche direkt neben den riesigen Zuckersilos der Fabrik, die wunderschöne Eremitage in Sichtweite der überdimensionalen Kühltürme des Kernkraftwerks Philippsburg – ein Kontrast, wie er schärfer kaum sein könnte. Genauso wechselvoll und zerissen wie der Anblick ist – zumindest teilweise – auch die Geschichte dieser traditionsreichen Zuckerfabrik, einst die größte in ganz Baden. Wo heute in der Zuckerkampagne weit über 5000 Tonnen Zuckerrüben pro Tag verarbeitet werden können, wo über 3000 Rübenanbauer mit einer Gesamtanbaufläche von 13 000 Hektar ihre Erzeugnisse abliefern, hat sich Geschichte ereignet, badische Geschichte, wenn nicht sogar deutsche – und nicht nur Industriegeschichte. Auch wenn am nüchtern-funktionalen Eingang zur Zuckerfabrik Waghäusel daran heute nichts mehr (oder noch nichts?) erinnert.

Im Jahr 1836 war das Großherzogtum Baden dem deutschen Zollverein beigetreten, ein für die Zuckerindustrie bedeutsames Datum, denn bis dahin hatte es keine nennenswerte einheimische Zuckerindustrie gegeben, vielmehr hatte billige Ware aus England den Markt weitgehend beherrscht. Durch drastische Zollgebühren auf ausländischen Zucker aber konnte nun die einheimische Industrie vor der Billigkonkurrenz aus dem Ausland geschützt und Stück für Stück aufgebaut werden.

Entscheidenden Anteil an der Entwicklung hatte ein Mann namens Carl Sebastian Schuzenbach aus Freiburg im Breisgau. Der hatte nach dem Chemiestudium entdeckt, daß die Zuckergewinnung aus getrockneten Rüben weit besser und effektiver funktionierte als, wie bis dahin üblich, aus frischen Rüben. Gleichzeitig entwickelte er ein Verfahren für die industrielle Nutzung seiner Entdeckung, mit dem er die Zeit der Zuckerkampagne (also der Verarbeitung der Rüben) entscheidend verlängern konnte. In dem Karlsruher Bankhaus »S. von Haber und Söhne« (den badischen Rothschilds, wie sie genannt wurden) fand er einen risikofreudigen Geldgeber, der »für alle großartigen Unternehmungen stets zugänglich« war.

Am 27. Mai 1836 erhielt Schuzenbach vom badischen Innenministerium dann das zunächst auf zehn Jahre befristete Privileg: »Seine königliche Hoheit der Großherzog haben durch höchste Entschließung ... dem Fabrikanten Schuzenbach zu Freiburg das unterthänigst nachgesuchte ausschließliche Privilegium für einen von ihm erfundenen Apparat zur verbesserten Darstellung von krystallisiertem Zucker aus Runkelrüben mittelst einer eigenthümlichen auch für Kartoffeln, Getreide, Obst, Gemüse und Trauben anwendbaren Methode der Trocknung, auf die Dauer von zehn Jahren innerhalb der Grenzen des Großherzogtums gnädigst zu erteilen geruht, was hiermit zur öffentlichen Kenntnis gebracht wird.«

Schuzenbach gründete nun die »Badische Gesellschaft für Zuckerfabrication« mit dem unglaublichen Grundkapital von einer Million Gulden, eingeteilt in 2000 Aktien über je 500 Gulden, die allesamt bereits am Vorabend der Gründung vergriffen waren – so groß war das Interesse an der neuen Produktion. Nach der Aufnahme der Zuckergewinnung in kleinem Maßstab in Ettlingen sah man sich bald schon vor den Zwang gestellt, zu vergrößern, wenn auch die ersten Jahre durch allerlei Stockungen im Zuckergewinnungsprozeß nicht einfach waren und erst nach Ablauf von zehn Jahren die ersten Gewinne ausgeschüttet werden konnten. Doch schon in jenen Zeiten beherrschte das Denken vom »Wachsen oder Weichen« die Industriellen, und so kam die badische »zuckerfabric« schließlich an die allmählich verfallende Anlage in Waghäusel, in deren Mauern der letzte Speyerer Fürstbischof, Graf Wilderich von Walderdorf, nach der Säkularisierung im Jahr 1810 gestorben war.

Platz genug für den Aufbau einer großzügigen Produktion war nun vorhanden, doch die Schwierigkeiten wurden nicht geringer; statt der erwarteten Jahresproduktion von 500 000 Doppelzentnern konnten nur 150 000 verarbeitet werden; in großtechnischem Maßstab türmten sich andere Probleme auf als vorher in der kleinen Ettlinger Fabrik. Dazu kam die badische Wirtschaftskrise in den Jahren 1846 und 1847, damit verbunden der Zusammenbruch des Hauptgeldgebers, des Bankhauses Haber. Nun mußte die badische Regierung einspringen, der freilich gar nichts anderes übrigblieb, denn mittlerweile waren 900 Menschen in Waghäusel beschäftigt, Hunderte waren direkt oder indirekt von dem Unternehmen abhängig, Zigtausende von Gulden flossen überdies durch Aufträge aus der Zuckerfabrik in die Kassen der umliegenden Gemeinden.

Auch während der badischen Revolution 1848/49 lief die Produktion in Waghäusel auf vollen Touren weiter, selbst als die Regierung zwischenzeitlich außer Landes fliehen mußte, geriet das Werk nicht mehr in Gefahr – wohl aber wieder am 21. Juni 1849, als der Name Waghäusel endültig in die badische Geschichte einging, durch die Schlacht von Waghäusel, die hier geschlagen wurde und die der Revolution in Baden den entscheidenden vernichtenden Schlag versetzte.

Am Morgen zwischen 7 und 8 Uhr traf hier die badische Revolutionsarmee auf eine von der badischen Regierung zu Hilfe gerufene preußische Armee-Einheit, die Division Hanneken. Der polnische General Mieroslawski, Oberbefehlshaber der Revolutionstruppen, umstellte mit seinen 15 000 Soldaten die Zuckerfabrik und schloß die Preußen auf dem Gelände ein, die sich in der Wallfahrtskirche und den Fabrikhallen verschanzt hatten. Mit 18 Geschützen feuerten die Revolutionäre Geschosse in die Fabrik. Mehrere Ausfallversuche der Preußen wurden erfolgreich zurückgeschlagen, und im vierten Versuch schließlich überwanden die Revolutionäre die Mauern. Die Preußen wurden in Richtung Philippsburg in die Flucht geschlagen und waren so gut wie besiegt, hätten die badischen Freiheitskämpfer den Fliehenden energisch nachgesetzt, anstatt sich auszuruhen und erstmal eine Mittagspause einzulegen. Die Preußen hatte so Zeit genug, sich wieder zu sammeln und Verstärkung herbeizurufen: Mit vereinten Kräften kamen sie zurück und besiegten die badische Revolutionsarmee vollständig und entscheidend. Den Soldaten der Freiheitsarmee blieb nur noch die Flucht, wenig später kapitulierte dann auch Rastatt, Baden war völlig unter Kontrolle der preußischen Armee.

Vom Tief der vierziger Jahre erholte sich die Zuckerfabrik, in deren Mauern die Revolutionsschlacht geschlagen worden war, dennoch rasch. Mittlerweile arbeiteten über tausend Menschen in Waghäusel. Es war die größte Arbeitsstätte im Großherzogtum Baden; selbst Mannheim, von dem es ja im Badnerlied so bezeichnend heißt: »in Karlsruh' steht die Residenz, in Mannheim die Fabrik«, hatte zur damaligen Zeit kein auch nur annähernd so großes Industrieunternehmen aufzuweisen. Schon 1856 wurde die Zuckerfabrik mit den Worten gewürdigt: »Waghäusel nimmt unstreitig unter allen industriellen Etablissements in Baden den ersten Rang ein, auch im ganzen Deutschen Zollverein ist ihm kein anderes an die Seite zu setzen.«

Mittlerweile arbeiten noch ganze 150 Menschen in Waghäusel, lediglich während der Zuckerkampagne mehr. Die Produktion ist (nahezu) vollautomatisiert, und an die Tatsache, daß hier die älteste noch in Betrieb befindliche deutsche Zuckerfabrik steht, erinnert von außen nur die alte Eremitage. Und die gehört ja nur indirekt zur Fabrik.

Unbarmherzig
gegen die Bauern

Sie ist mit Sicherheit eine der geschichtsträchtigsten Burgen Süddeutschlands. Ihre Erbauer und Bewohner haben es über Jahrhunderte hinweg verstanden, ihre Macht, ihren Einfluß und ihren Reichtum kontinuierlich zu vergrößern – im Gegensatz zu vielen anderen Adelsgeschlechtern. Die Fürsten von Waldburg haben bis auf den heutigen Tag noch etwas zu sagen in Oberschwaben; wie groß ihre Besitzungen sind, mag der Ausspruch des Erbgrafen zu Waldburg-Wolfegg, dessen Linie die Burg gehört, verdeutlichen: Er messe die Dachflächen seiner Häuser nicht nach Quadratmetern, sondern nach Hektar. Stiefmütterlich haben sie die Waldburg, ihren Stammsitz, in den vergangenen Jahren dennoch behandelt, denn wohnen will aus der fürstlichen Familie keiner mehr hier oben auf dem 722 Meter hohen Berg (übrigens die höchste eiszeitliche Moränenkuppe des oberschwäbischen Alpenvorlands). Und das ist, bei allem berechtigten Jammer über den baulichen Zustand des alten Gemäuers, ein Glück, denn dieser Tatsache ist es zu verdanken, daß die Waldburg wohl die einzige Burg in Süddeutschland darstellt, die noch in fast lupenrein erhaltenem mittelalterlichem Bauzustand zu besichtigen ist. Bereits im 17. Jahrhundert nämlich haben ihre fürstlichen Bewohner dem zugigen Gemäuer den Rükken gekehrt und sind ins komfortablere Schloß nach Wolfegg umgezogen.

Dennoch gehört die 800 Jahre alte Waldburg, die eigentlich gar nicht aussieht wie eine richtige mittelalterliche Burg, zu den »heiligen Gipfeln Oberschwabens«, und für die Schüler aus der Region ist es nach wie vor fast Pflicht, einmal im Schülerleben den Fuß auf die traditionsreichen Stufen am Eingang der Burg zu setzen. Denn obwohl das Gebäude von außen eher grau und häßlich anzuschauen ist, ohne Bergfried, Türmchen, Zinnen oder gar Hängebrücke, läßt schon der Blick über den Innenhof auf das riesige Wohngebäude mit seinen schwarz-gelben Fensterläden oder die überdimensionale Burgkapelle etwas von der Bedeutung und dem Einfluß des Geschlechts erahnen, das von der Waldburg seinen Namen hat. Und erst der Blick von ganz oben auf die Umgebung – einfach atemberaubend! Der Bodensee liegt vor dem Betrachter, das Oberland, die Alpen manchmal sogar bis zum Montblanc, fast 200 Kirchtürme und 800 Ortschaften sind (bei einiger Anstrengung und an günstigen Tagen) zu sehen – sinnbildlicher kann die Beherrschung Oberschwabens von diesem Herrschersitz aus gar nicht dargestellt werden als durch die Aussicht vom Dach der Waldburg.

Schon der Stauferkaiser Friedrich II. schätzte die »Burg im Wald« und ihre Herren, denn wie sonst wäre es zu erklären, daß er die Reichsinsignien, also Reichsapfel und Zepter, sowie einen Teil des Kronschatzes hier deponierte, in geschützter Umgebung, sicher aufbewahrt vor dem Zugriff mißgünstiger Zeitgenossen. Absolutes Vertrauen war für solch einen Schritt die Voraussetzung, denn schließlich galten den Menschen im Mittelalter diese Äußerlichkeiten noch wesentlich mehr als den modernen Menschen des 20. Jahrhunderts: Die äußeren Zeichen der Königswürde zu besitzen hieß nichts anderes, als die Königswürde innezuhaben; wer Apfel und Zepter verlor beziehungsweise wem sie geraubt wurden, der hatte gleichzeitig die Berechtigung verloren, Königsmacht auszuüben.

Es ist also schon ein Hinweis auf die enge Verbindung zwischen Staufern und dem Geschlecht derer von Waldburg, die unter den Staufern im Gegenzug einen der höchsten Titel im damaligen Heiligen Römischen Reich Deutscher Nation füh-

ren durften, den der Reichstruchsessen nämlich. – Der sicherlich bekannteste Vertreter dieser Familie jedoch tritt erst 300 Jahre später, lange nach dem Aussterben der Staufer, in habsburgischer Zeit ins Rampenlicht der Geschichte: Georg III. von Waldburg, in die Chroniken eingegangen als »Bauernjörg«, als der Hauptmann des Schwäbischen Bundes, der die aufständischen Bauern im Jahr 1525 so vernichtend geschlagen hat. Geboren im Jahr 1488, galt er bei seinen Zeitgenossen einerseits als strenger Katholik, andererseits als streitsüchtig und fehdelustig. Schon im Alter von 16 Jahren habe man ihn gewaltsam vom Krieg gegen die Schweizer zurückholen müssen.

Seine ritterliche Laufbahn begann im Dienst des berüchtigten Herzogs Ulrich von Württemberg, für den er zunächst die aufständischen Bauern im Remstal in die Knie zwang. Doch als die Willkürherrschaft des Herzogs immer schlimmere Formen annahm und der Bruch mit dem Volk, aber auch mit dem Adel nicht mehr abzuwenden war, half der Truchseß im Heer des Schwäbischen Bundes (der Vereinigung schwäbischer Ritter und Reichsstädte), den ungeliebten Herzog im Jahr 1519 aus dem Land zu jagen. die beiden waren so zu Todfeinden geworden.

Im Auftrag des Kaisers verwaltete Georg nun als österreichischer Statthalter das württembergische Gebiet, war Vorsitzender des Reichsregiments in Esslingen und oberster Feldhauptmann Österreichs. Im Jahr 1525 ging es Schlag auf Schlag: Zweimal, im Februar und im März, besiegte er das Heer des Herzogs Ulrich, der mit Waffengewalt sein Land zurückerobern wollte. Anschließend wandte er sich gegen die Bauern, die sich in der Zwischenzeit vor allem in Oberschwaben zusammengerottet hatten, und zerschlug am 4. April bei Leipheim den Allgäuer Haufen. Am Karfreitag, dem 14. April, gelang dem Truchsessen an der Spitze des Bundesheeres ein blutiger Sieg über die Bauern bei Wurzach. Nur einen Tag später stand er mit seinen 7000 Soldaten zwischen Waldsee und

Gaisbeuren 12 000 Bauern gegenüber, die er entscheidend schlug: Die Bauern ergaben sich und mußten ihren Herrschaften von neuem Gehorsam schwören.

Gnadenlos verfolgte Georg die Bauern nun in den anderen Gebieten, wo sie sich ebenfalls erhoben hatten – zuerst im Hegau, am 12. Mai brachte er den württembergischen Bauern bei Böblingen eine vernichtende Niederlage bei, am 21. Mai ließ er Weinsberg niederbrennen, dann zog er seine blutige Spur weiter durch den Kraichgau, durchs Taubertal, Würzburg, Schweinfurt, Bamberg und dann wieder zurück nach Oberschwaben, wo er die Bauern zwischen Memmingen und Kempten regelrecht aufrieb, bis die verbliebenen schließlich verzweifelt die Waffen streckten und ihrem Besieger huldigten. Hunderte von Bauern waren in den vergangenen Monaten von dem unbarmherzigen Heerführer hingerichtet worden, waren geköpft, gehängt, aufs Rad geflochten, gefoltert, zerstückelt, ertränkt, geviertelt worden, als abschreckendes Beispiel für die anderen, als Warnung, sich ja niemals wieder gegen die von Gott eingesetzte Obrigkeit zu erheben.

Als Dank für den totalen Sieg des Adels über die Bauern, für die kompromißlose Verteidigung der feudalen Privilegien belehnte Kaiser Karl V. seinen Feldhauptmann mit der Würde des Erbtruchsessen des Heiligen Römischen Reiches und gleichzeitig mit der Herrschaft Zeil. Seit dieser Zeit nennen sich die Miglieder dieser Familie »von Waldburg-Zeil«.

Als der Bauernjörg im Alter von nur 43 Jahren starb, hatte er seinem Haus Macht und Einfluß zu einer Zeit gesichert, in der der Stern zahlreicher anderer Adelsgeschlechter längst im Sinken begriffen war. Bis auf den heutigen Tag haben es die Waldburger verstanden, ihren Besitz zusammenzuhalten und auch im längst demokratisch strukturierten Oberschwaben noch ein entscheidendes Wort mitzureden. Schade, daß sie sich standhaft weigern, in ihrem alten Stammsitz, der Waldburg, ein Bauernkriegsmuseum einzurichten. Wo sonst wäre es sinnvoller untergebracht?

Begehrliche Herren und trotzige Mönche

Also sehr christlich war das nicht, wie sie einst im Kloster Zwiefalten mit Herzog Friedrich von Schwaben umgesprungen sind. 39 Jahre nach der Klostergründung durch die Grafen Kuno und Luitold von Achalm brannte die dem heiligen Benedikt geweihte Anlage nämlich zum erstenmal nieder, und zwar durch Brandstiftung. Welf V., Herzog von Baiern, der Schirmvogt des Klosters höchstpersönlich, zeichnete für diese Tat verantwortlich. Die Ursache dafür war der ewigwährende Streit zwischen Staufern und Welfen um die Macht im Heiligen Römischen Reich.

Lothar, der Schwiegervater Welfs, war Kaiser geworden, damit wurde der staufische Herzog Friedrich von Schwaben, der selbst gern Kaiser geworden wäre, sein mächtiger Widersacher. Um diesen nun aus dem Weg zu schaffen, lud Welf ihn in sein Kloster ein, unter dem Vorwand, man möge sich doch wieder miteinander vertragen, und welcher Ort könne besser geeignet sein, Frieden zu stiften, als ein Kloster? Friedrich willigte ein und erschien – nichts Böses ahnend – in Zwiefalten. Doch schon in der darauffolgenden Nacht geschah es: Welf stürmte das Haus, in dem Friedrich schlief, und setzte es in Brand. Friedrich, rechtzeitig erwacht, floh in die Kirche, von der hölzernen Kirche auf den Turm und konnte so, da glücklicherweise nun der Tag anbrach, von seinen aufgeschreckten Vasallen in letzter Minute gerettet werden. Die ruchlose Tat blieb für den Welfen ohne Folgen, die Feindschaft zwischen den rivalisierenden Familien dagegen entbrannte um so härter, und das Kloster selbst erfuhr in den nächsten Jahren noch zwei weitere Brandstiftungen, ehe es zunächst eine ruhigere Zeit erleben durfte.

Es ist ein imposantes Bauwerk, das Zwiefaltener Kloster mit seiner riesigen Kirche und den beiden weißgetünchten Türmen, auch heute noch, fast zweihundert Jahre nach der Säkularisation, nach der Aufhebung des Klosters. Wohlhabend und einflußreich muß es in der Vergangenheit gewesen sein, das läßt schon der äußere Eindruck vermuten, erst recht der Innenraum der Klosterkirche mit seinen Stuck- und Goldornamenten, mit den unzähligen Putten und Gemälden, den Fresken, Säulen, Kreuzen und Altären. Weniger wäre mehr gewesen, mag so mancher Besucher sicher nicht zu unrecht denken, der ob der Fülle der prächtigen Ausgestaltung beinahe erdrückt wird.

Die äußeren Zeichen für Reichtum und Wohlstand lassen keinen Hinweis erkennen auf die wechselvolle Geschichte des Benediktinerklosters an der Grenze zwischen habsburgischem und württembergischem Einflußbereich, auf die unermüdlichen Kämfe um Unabhängigkeit, die jahrhundertelangen Bemühungen der württembergischen Landesherrren, sich das Kloster und seine Besitzungen einzuverleiben.

Zahlreiche Reliquien beherbergte das Zwiefaltener Kloster, von den Gebeinen der Stifter, der Grafen von Achalm, bis zu einem Splitter vom Kreuz Jesu Christi, der in einem Vortragekreuz enthalten sein soll.

Um eine Reliquie ganz besonderer Art, die Hand des heiligen Stephanus, hat es eine ganze Reihe von Auseinandersetzungen und Begehrlichkeiten der anderen Klöster gegeben, denn jeder wollte das kostbare Stück sein eigen nennen und neidete es den Zwiefaltener Mönchen. Die Witwe des Herzogs Boleslaus von Polen (daraus mag man ersehen, wie weit Einfluß und Ansehen des Klosters reichten) hatte die wertvolle Reliquie den Benediktinern von Zweifalten geschenkt. In einer feierlichen Überführung im Jahr 1141 überbrachte

Otto von Steußlingen die Hand des Heiligen in die Klosterkirche.

Solchen Bekanntheitsgrad hatte die Reliquie, daß noch im Jahr 1596 der Erzherzog von Österreich, der spätere Kaiser Matthias, bei einem Besuch nicht locker ließ (wahrscheinlich auch mit dieser oder jener Sanktion drohte), bis er wenigstens einen Finger von der Hand des Heiligen mit nach Hause nehmen durfte. Abt Georg Rauch freilich mußte seine Freigiebigkeit beziehungsweise den abgehackten Finger teuer bezahlen: Zwei Jahre später wurde er auf Betreiben seiner Mönche vom Kardinal von Österreich, dem Bischof von Konstanz, abgesetzt und ins Kloster Mochental verwiesen, wo er als einfacher Mönch noch zehn Jahre weiterlebte.

Zu dieser Zeit schon lagen die Zwiefalter längst in Dauerfehde mit dem Haus Württemberg, das beharrlich versuchte, sich die klösterlichen Besitzungen einzuverleiben und die Oberhoheit über das Kloster zugesprochen zu bekommen. Da im 14. Jahrhundert erstmals ein württembergischer Graf, Eberhard nämlich, zum Schutzherrn des Klosters gewählt worden war, glaubten die Württemberg von nun an ein Zugriffsrecht auf dessen Besitzungen ableiten zu können. Schließlich konnte man auch nachweisen, daß man mit dem Haus der Klostergründer, der Grafen von Achalm, eng verwandt sei.

Dem Abt Georg Fischer freilich, einem der bedeutenden Äbte des Klosters, der 40 Jahre lang regierte, gefiel dies ganz und gar nicht, genausowenig wie die ständigen Versuche, das Schutzrecht in ein Untertanenverhältnis umzuwandeln. Im Jahr 1486 versuchte er, das Kloster wieder unter den Schutz Österreichs zu stellen, pflanzte auf der Kirche die Fahne des Erzherzogs Sigmund auf und kündigte so den Vertrag mit den Württembergern. Doch kaum hatte Graf Eberhard von diesem Vorgang Kenntnis erhalten, setzte er seine Truppen in Marsch, drang in das Kloster ein und holte eigenhändig die Fahne wieder herunter, ja zertrat sie mit den Füßen und zwang Abt und Konvent der Mönche zur Unterwerfung und Huldigung, nicht ohne vorher die württembergische Fahne auf dem Gebäude gehißt zu haben. Der unermüdliche Abt jedoch beschritt, kaum daß Eberhard wieder abgezogen war, den Klageweg, und nach jahrelangen Verhandlungen erreichte er einerseits, daß das Kloster von den unter Zwang vorgebrachten Gelübden und Verpflichtungen befreit und daß eine Höchstabgabemenge an den Landesherrn vorgesehen wurde, andererseits aber wurde Württemberg die Schirmvogtei nebst der Forstgerechtigkeit und der hohen Gerichtsbarkeit für immer zuerkannt. Das Hauptziel des Grafen, nämlich an die unermeßlichen Klosterbesitzungen zu gelangen und kräftig abzuschöpfen, hatte der Abt so vereitelt.

Doch nur wenige Jahre später, 1512, war es wiederum Abt Georg, der sich mit einem württembergischen Landesherrn anlegte, diesmal mit dem gefürchteten, ewig in Geldnöten steckenden Herzog Ulrich. Dieser nämlich forderte vom Reichstag in Trier aus vom Abt die stolze Summe von 4000 Gulden, ein Ansinnen, das der Abt mit den Worten an den Abgesandten des Herzogs zurückgewiesen haben soll: »Ich wollte, dein Herr, der Herzog, verwaltete seine Finanzen so, daß auch wir die unsrigen in Ordnung halten könnten.« Kaum hatte Ulrich nun diese Antwort überbracht bekommen, verließ er spornstreichs den Reichstag, stürmte mit Hilfe von 40 Reitern das Kloster, ließ den Abt ergreifen, rücklings auf ein Pferd setzen und auf dem Hohenneuffen in strenge Haft werfen. Später, bis zur Eröffnung des Prozesses, wurde Abt Georg dann dem Bischof von Konstanz übergeben, der ihn in Meersburg unter Hausarrest zu halten hatte. Die Anklage lautete auf Veruntreuung württembergischer Gelder und Verdachts auf Verrat: Er habe sich den Schweizern anschließen wollen.

Um sein Kloster aus dem Prozeß herauszuhalten und diesem weitere Nachteile zu ersparen, unterzeichnete Abt Georg am 8. Oktober 1513 im Schloß von Meersburg seine Abdankungsurkunde. Geloben mußte er, sich an dem Herzog und seinen Helfern nicht für die Gefangennahme zu rächen und auf ewig seinen Sitz in württembergischen Gebiet zu behalten. Zwei Jahre lebte er darauf in Reutlingen, bis er von Kaiser Maximilian I. zum Fürstabt von Reichenau postuliert wurde, ein Amt, das er erst nach einer kaiserlichen Drohung anzunehmen gewillt war. Vier Jahre blieb er auf der Bodenseehalbinsel Abt, bis er am 4. November 1519 das Zeitliche segnete.

So hatte der Württemberger, der später aus seinem Land gejagt wurde, über die Zwiefaltener Mönche triumphiert, und in gleicher Weise hatten auch seine Nachfolger keine Hemmungen, in Zeiten akuten Geldmangels ihre Hände nach dem Kloster auszustrecken, das jedoch genauso hartnäckig auf die Erhaltung seiner Unabhängigkeit bedacht war. Zumindest schafften es die Benediktiner immer wieder, dank vorderösterreichischer Unterstützung Verträge zu erwirken, die den totalen Zugriff auf die klösterlichen Besitzungen verhinderten.

Doch dann kamen die Jahre der napoleonischen Kriege: Da der Herzog von Württemberg mit Napoleon gemeinsame Sache machte (was ihm durch den Aufstieg erst zur Kurfürsten-, später sogar zur Königswürde versüßt wurde), war es nur eine Frage der Zeit, wann die Württemberger nun endgültig Besitz von Zwiefalten würden ergreifen können. Im November 1802 schließlich hatte der letzte Abt des Klosters, Gregor Weinemer, mit seinem Konvent dem Herzog zu huldigen, und ausgerechnet am Jahrestag der Klosterstiftung, am 8. September 1803, mußte die Kirche für allen Gottesdienst geschlossen, mußten wenig später die Gebäude verlassen werden, das Kloster wurde säkularisiert. Seine Besitzungen schlug man einfach dem Land Württemberg zu. Weitaus weniger Entschädigung und Pensionen bekamen die Mönche von ihrem neuen Herren, als ihnen laut Reichsdeputationshauptschluß (in dem die Säkularisierung aller Klöster beschlossen worden war) als Mindestsumme eigentlich zustand. Doch weder Klagen noch Bitten halfen ihnen weiter, auch nicht der machtlos gewordene Kaiser, und so erklärte die Regierung in Stuttgart im Herbst 1805 ein für allemal, daß die Angelegenheit abgeschlossen sei und weiteres Geld nicht fließen würde.

Eine weitere Schmach, sozusagen die Rache für fünf Jahrhunderte Widerspenstigkeit der Mönche und ihrer Zwiefaltener Untertanen, hatten die neuen Herren aber auch noch auf Lager: Die ehemaligen Konventsgebäude der Mönche wurden für die Landesirrenanstalt bereitgestellt, die eigens dafür von Ludwigsburg nach Zwiefalten verlegt wurde – was Wunder, daß es Jahrzehnte gedauert hat, bis sich die Zwiefalter, zumindest einigermaßen, daran gewöhnt haben.

Baden-Württemberg
in Bildern und Texten

Susanne Wetterich:
Romanik.
Kultur- und Radtouren in
Baden-Württemberg.
160 Seiten, mit Farbfotos,
farbigen Karten und einem
Kartensatz zum Heraus-
nehmen, broschiert,
in abwaschbarer Hülle.

Susanne Wetterich:
Davids Stern
an Rhein und Neckar.
Ausflüge auf den Spuren
jüdischen Lebens
in Baden-Württemberg.
Mit dem Fahrrad –
mit dem Auto.
264 Seiten, broschiert.

Fritz Schray
und Rolf Schöndienst:
Blühendes Land.
Mit Feder und Stift auf
heimatlichen Wegen.
102 Seiten, mit
Federzeichnungen
und Farbaquarellen,
fester Einband
mit Schutzumschlag.

Silberburg-Verlag

Baden-Württemberg in Bildern und Texten

Wolfgang Brenneisen:
Oberschwaben.
Deutschlands tiefer Süden.
Ein literarisches Mosaik.
Mit Vignetten von
Heinz Schindele.
280 Seiten, fester Einband
mit Schutzumschlag.

Die Schwäbische Alb.
Eine gesegnete Gegend.
Fotografiert von
Werner Otto. Bildunter-
schriften dreisprachig.
120 Seiten, durchgehend
farbig, fester Einband
mit Schutzumschlag.

Irmela Brender:
Die schwäbische Sphinx.
Unterwegs zu Bergen
und Quellen im Land.
Mit Skizzen nach der
Natur von Heinz Schindele.
96 Seiten, broschiert.

Uli Kreh:
Stuttgart und seine Stäffele.
242 Farbabbildungen,
160 Seiten, fest gebunden.

Silberburg·Verlag